毎日が
元気になる
100の格言

＼あなたの人生を／

ゆたかにしてくれる
世界の知恵

植西 聰
Akira Uenishi

新編集

出版芸術社

はじめに

日本には、『人のふり見て我がふり直せ』のように、自分を戒めたり、自己反省をうながしてくれたりする「ことば」があります。

また、幸福になるための、前向きに生きるための、人生の指針となってくれるものも数多くあります。

『転んでもただでは起きぬ』

『怪我《けが》の功名』

『災い転じて福となす』

西洋をはじめとする世界も例外ではなく、夢をもって生きる大切さを説くもの、不安や悩みを解消する方法を説くもの、壁にぶつかったときに乗り越えていくための心構えを説いたもの、反省をうながしてくれるもの、などのことばがたくさんあります。

本書ではこの「世界のことば」に着目し、イギリスやフランスといった西洋諸国をはじめ、アメリカ、インド、アラブ、中国、東南アジア、アフリカなど、世界各地に伝わることばを集めました。（西洋の場合、できるだけ国別で紹介しましたが、どこの国のことばか定かでないものは、『西洋のことば』で統一させていただきました）。

人生には報われないとき、思いどおりにならないときがあります。そんなとき、「世界のことば」を通じて、新しい気づきや発想を得ることで、現代人に明るい方向へ人生を切り開いてもらいたい、という目的で書き著しました。

「将来に不安がある」
「仕事がうまくいかない」
「人間関係で悩んでいる」

そんなとき、本書を開き、紹介していることばの教えを肝に銘じれば、人生に元気や希望が湧いてくるものと確信しています。そして、本書を読んだのがきっかけで、人生が自分の思い描いたとおりの方向に展開していくようになれば、筆者にとって、これに勝る喜びはありません。

植西 聰

あなたの人生をゆたかにしてくれる世界の知恵　目次

はじめに …… 3

第1章 目線を変えて、バランス良く生きる

1 やさしい炎はパンを美味しくする。 …… 12
2 料理は前菜、スープの順で手をつける。 …… 14
3 肥えた畑も休ませなければ荒地になる。 …… 16
4 水は火を消し、火は水を蒸発させる。 …… 18
5 リスも見えねど矢を放つ。 …… 20
6 高くなり過ぎたヤシの木は風当たりが強い。 …… 22
7 すべての木からパイプは彫れない。 …… 24
8 最高の占い師は外にいるのではなく、自分の内に存在する。 …… 26
9 大文字ばかりで印刷された本は読みにくい。 …… 28
10 一つ、二つの卵は体に良いが、五つ以上は命にかかわる。 …… 30
11 モノの値打ちはそれがないときに一番よくわかる。 …… 32
12 良い木は良い果実をもたらす。良いことばは良い運をもたらす。 …… 34
13 一冊の本しか読まない者は怖い。 …… 36
14 この世は舞台。人はみんなそれぞれの役を演ずる。 …… 38
15 倹約は賢者の石。 …… 40
16 「暇なときに学ぼう」と言ってはならない。おそらくあなたは暇をもつことはないであろう。 …… 42
17 愚者は漫遊。賢者は旅行。 …… 44
Column まだある！「**バランス良く生きる**」世界のことば集 …… 46

第2章 先入観を捨て、やわらかく考える

18 あなたに起きた悪いことは砂に書きとめ、良いことは大理石に書きとめなさい。……48
19 靴のサイズを忘れた男にはなるな。……50
20 真夜中に起きても夜明けは来ない。かえってケガをするだけだ。……52
21 どうにもならないことは、忘れるのが幸福だ。……54
22 神は一つのドアを閉めても、千のドアを開けてくれる。……56
23 車が、舟に乗るときもあれば、舟が、車に乗るときもある。……58
24 逃げるのは恥だが、都合が良いこともある。……60
25 精米を捨て、もみ殻をとる。……62
26 先週、今週と幸運ならば、来週はもっと幸運だ。……64
27 海に流れ出たる水は川には戻らない。……66
28 名のある料理人は食材を捨てることなし。……68
29 堀は一度落ちれば、知恵が一つ増える。……70
30 クリスマスは年に一度しかやって来ないが、その翌日だって年に一度しかやって来ない。……72
31 夢や願望は貧しき者たちにとってのパンのようなものである。……74
32 長いウナギに長い鍋。……76
33 指輪は失くしても指はある。……78
34 泥の舟は今日沈まずとも明日には沈む。……80
35 湖の水は、家の火事を消してはくれない。……82
36 川に入ればワニ、陸に上がればトラが待ち伏せ。家のなかが一番安心。……84
37 ナマコを信じるな。……86
38 馬の良さは乗ってわかる。人の良さはつき合ってわかる。……88
39 今日は北風、明日は南風。……90
40 わが家よ、いかに小さくてもお前は私の大宮殿。……92
Column まだある！「**やわらかく考える**」世界のことば集……94

第3章

希望をもって、前向きに行動する

41 卵を割らなければオムレツは作れない。…… 96
42 ドリアンは食べてみなければわからない。…… 98
43 樫の木は斧を使っても最初の一撃では倒れない。…… 100
44 絵のロウソクは百あっても、部屋を灯してはくれない。…… 102
45 悪魔は絵に描かれた姿ほど恐ろしくはない。…… 104
46 ワインの栓を抜いたら、なるべく早いうちに飲め。…… 106
47 夏に汗をかかないと、冬にこごえる。…… 108
48 約束は雲、実行は雨。…… 110
49 日の照っている間に干し草を作れ。…… 112
50 敵が来て火薬をこねる。…… 114
51 泡立つ激流は凍らない。…… 116
52 日光でイモは焼けない。…… 118
53 カマキリが馬車を止める。…… 120
54 どの野菜、果物にも旬というものがある。…… 122
55 パンはカマの熱いうちに焼け。…… 124
56 風の三月と雨の四月が五月を美しいものにする。…… 126
57 果実は熟したら切り取らないと台無しになる。人間も例外ではない。…… 128
58 幾何学には王道なし。…… 130
59 祭りが来る前に祝い休みをしてはならない。…… 132
60 やせたがる女性ほどピロシキをたくさん食べたがる。…… 134
Column まだある！「**前向きに行動する**」世界のことば集…… 136

第4章 ココロを磨き、人格を高める

61 燕雀、いずくんぞ鴻鵠の志を知らんや。……138
62 本当の雌鶏は卵を産んでから鳴く。……140
63 腹をすかせたヘビはカエルしか狙わない。……142
64 良い種ならば、たとえ大洋の砂浜に落ちようとも、そこに島ができる。……144
65 眠った者は徹夜した者のことを知らない。……146
66 信頼は黄金に勝る。……148
67 誰も自分のヨーグルトが酸っぱいとは言わない。……150
68 人格のある人のことばは布団のようなものである。……152
69 賢者ほど上手に愚者を演ずることができる者はいない。……154
70 水の静かな川は深い。水のうるさい川は浅い。……156
71 施しは深夜に行え。……158
72 水はどれだけ砕いても壊れることはない。……160
73 偉人は賤の伏屋から出る。……162
74 アレキサンダー大王も一度は赤ん坊だった。……164
75 上質のワインは広告を必要としない。……166
76 水っぽいビールでも、空っぽのジョッキよりはまし。……168
77 人はことば、象は牙。……170
78 魚とりは溺れて死ぬ。……172
79 人の背中でぶどう作り。……174
80 水を飲んで井戸を掘った人を忘れず。……176
Column まだある！「**人格を高める**」世界のことば集……178

第5章

相手を認め、良い人間関係をつくる

81 一枚の紙に神と悪魔。……180
82 高級キャビアよりも、ほめことばのほうが美味しい。……182
83 行くことばが美しければ、来ることばも美しい。……184
84 サルに手渡す宝物。……186
85 汝に陰を与えた木は切るな。……188
86 真理の矢を投げるなら、その先端を蜜に浸せ。……190
87 過つは人。許すは神。……192
88 靴屋よ、靴型にまで口を出すな。……194
89 近くでは角の突き合い。遠くではモーモーと鳴き合う。……196
90 クリスマスプレゼントよりも記念日を祝したカード。……198
91 音楽を作るのは音。……200
92 ことばによる傷は一番治りにくい。……202
93 評価されたければ、相手を評価することを考えよ。……204
94 譲歩はあらゆる闘争を終わらせる。……206
95 病気をしたことのない奴とは友達になるな。……208
96 他人を幸福にするのは、香水をふりかけるようなものだ。……210
97 第一の矢は受けても、さらに怖い第二の矢は受けるな。……212
98 わが身にロウソクをたらして、熱さを知れ。……214
99 ニンニクは食べなければ臭わない。……216
100 質問には良い質問と悪い質問がある。……218
Column
まだある!「**良い人間関係をつくる**」世界のことば集……220

おわりに……221

編集・制作／アーク・コミュニケーションズ

第1章

目線を変えて、バランス良く生きる

『過ぎたるはなお及ばざるが如し』
という中国のことばがあります。
生きていくのにエネルギーが
必要なのはもちろんですが、
肩に力を入れ過ぎず、
かといって力を抜き過ぎない、
そんな人生観も備えておいて
損はないでしょう。

インドのことば

やさしい炎はパンを美味しくする。

良い成果をあげるには、ていねいなアプローチを

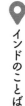

ここで言うやさしい炎とは弱火のことです。じっくりと弱火で焼きあげたパンは香ばしくて美味しいことから、物事を成し遂げる場合、何事もていねいに、慎重に行うことが大切なのだと、〃やさしい炎〃で表現しています。

やり手と呼ばれるセールスマンは、このことばを地で行っているところがあります。彼らは、お客さんに強引に商品を売りつけたりはしません。農作業に例えれば、畑を耕し、肥料をやり、種を蒔いて、雑草を取り除いて、適度に水をやり、作物をていねいに育てていく……というような、やさしいアプローチを心がけています。

やり手セールスマンの〃やさしいアプローチ〃とは、地に足のついた人間関係の構築です。時間はかかるかもしれないけれど、良い人間関係を築くことに取り組んでいくことで、お客さんの信用を獲得し、最後に「商品を購入していただく」という〃美味しい思い〃を味わっているのです。

仕事で成果を出すことで〃美味しい思い〃をしたければ、心にやさしい炎を灯すことを肝に銘じたいものです。

フランスのことば

料理は前菜、スープの順で手をつける。

順序立てた行動が、良い結果をもたらす

フランス料理のフルコースは基本的に、
前菜⬇スープ⬇サラダ⬇メイン料理（魚&肉料理）⬇デザート⬇コーヒー
という流れで成り立っています。

この流れを重視してこそ、フランス料理が満喫できるわけです。転じて「何事も順番を間違えてはならない」ということを表しています。

夢や目標も実現させるには、そのために必要な流れ、順番というものがあります。「イラストレーターになりたい」と願っていても、個人的に勉強するなり誰かに師事するなりして学び、その成果として自信をもって描きあげた作品がなければ、どこの会社も相手にはしてくれません。「一流の設計家として活躍したい」と願い、人脈作りに励んでも、一級建築士の資格がなければ、相手は仕事を発注してはくれません。

誰しも、「こうなりたい」「こうしたい」と思うことがあるでしょう。それが壮大な目標ならばなおのこと、順番を間違えてはいけません。「何から着手するべきか」「手始めに何をしなければならないのか」、そして「その次には何をするべきか」ということを、順序立てて考えてから行動に移すことが大事なのです。

スペインのことば

肥えた畑も
休ませなければ荒地になる。

忙しい人こそ、リフレッシュタイムを設ける

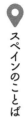

肥えた畑であっても、そこに毎年のように野菜を植えていたら、次第に土壌の栄養分が乏しくなり、野菜が育たなくなり、荒地同然となってしまいます。

人間も同じです。休むことなく働き続けていると、身も心もどんどん疲れていき、次第にやる気、活気、元気がなくなり、仕事にも人生にも悪影響を及ぼすようになってしまいます。

毎日遅くまで残業して、休日出勤もいとわず働いていると、オンとオフの境目がない状態になってしまいます。それでは、ゆったりとくつろぐ暇がないため、心が疲れていってしまいます。そうなると、「だるい」「体が重い」「やる気が起きない」「気力が湧かない」という症状が現れ、これを放置しておくと、最悪、うつ病になってしまう可能性だってあります。

オンとオフの切り替えは、心の健康のためにとても大事です。心が荒地になってしまわないように、少なくとも一週間に一日は必ず休養をとり、その日は絶対に仕事のことは考えないようにするなど、自分なりの「リフレッシュタイム」を設けることが大切です。

スリランカのことば

水は火を消し、火は水を蒸発させる。

「どちらがすごいか」「どちらが偉いか」はナンセンス！

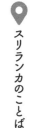

昔、水の神様と火の神様が、「どちらのほうが偉いか」ということで言い合いになり、多数の分身（家来）を率いて、戦争を始めたことがありました。しかし、戦局は一進一退で、なかなか勝負がつきません。水の分身が火の分身を冷気で消し去ってしまうこともあれば、火の分身が水の分身を熱で蒸発させてしまうこともあったからです。そのため、この戦いは長引いたにもかかわらず、両者痛み分けの形で終局を迎えたのです。

この神話は「優劣意識を抱くことの愚かさ」をわかりやすく指摘してくれています。水には水の、火には火の特性があり、どちらも代え難い特長なのですから、単純に優劣を比べることなど、神様であっても不可能でしょう。

私たち人間には、本来、その人ならではの素晴らしい資質、才能といったものが備わっています。そして、十人十色ということばもあるように、人の資質というのは全員違って当然なのです。ですから、自分と相手の「どちらのほうが優れているのか」と見比べるのはナンセンスのひと言に尽きます。そんなことで一喜一憂している暇があったら、「水と火を比べるようなもの」と言い聞かせ、自分ならではの資質、才能に磨きをかけ、それを生かす方法を考えたいものです。

タイのことば

リスも見えねど矢を放つ。

到達したい目的と内容は、明確にしておく

狩りをするとき、ターゲットとなる獲物を定めないで、やみくもに矢を放っても、獲物をゲットすることはできません。「あっ、あそこにリスがいた。よし、射るぞ」と獲物を定めて矢を放ってこそ、捕獲できるというものです。

狩りを例えに出すことで、目的（＝獲物）を明確にしなければ、手段を講じても（＝矢を放っても）、何の意味もなさないということを伝えているわけです。

夢や願望も同じで、単に「どこかへ旅行に行きたい」といったように、その目的や内容が漠然としていたら、何から着手すれば良いのかわからないですし、結局は何の成果もあげることができません。

しかし、「日頃の疲れを癒しに、沖縄へバカンスに行く」といったように、その目的や内容がハッキリしていれば、それに向けての手段、方法も明確になります。

気持ちは前向きなのに、なぜか結果がついてこないという人は、目的が明確ではないことが多いのです。漠然とした目的だから、手段や方法がチグハグになっているのかもしれません。これまでの自分を振り返ってみて思い当たる人は、「自分はどういう理由、目的で、この願いをかなえたいのか」を、真剣になって吟味してみることから始めましょう。

インドネシアのことば

高くなり過ぎたヤシの木は風当たりが強い。

「出る杭《くい》」こそ、謙虚さをもつべき

南国のヤシの木は、どれも同じくらいの高さで並んでいますが、ごくたまに高くなり過ぎたヤシの木を見かけることがあります。しかし、高くなり過ぎたヤシの木は強風をもろに受けるため、なぎ倒されてしまう可能性が多分にあります。

日本の『出る杭《くい》は打たれる』と意味は似ていて、そこが南国のインドネシアであっても、人間には同じような負の心理状態が働いているといえます。良し悪しはともかく、目立ち過ぎたり人並み外れたことをしたりすると、周囲の人から妬《ねた》まれ、憎まれてしまうというわけです。

したがって、「同級生のなかで、自分一人だけ、異例の若さで出世した」「友人のなかで、自分一人だけ、一流企業の相手と結婚できた」などというときは、けっしておごり高ぶってはいけません。目立っているときこそ、自分に対して周囲は厳しい目線に変わっているのですから、言動にも人一倍注意を払うべきです。いつ、いかなるときも謙虚な姿勢で人に接していきましょう。

そうすれば、周囲からの風当たりが強くなるどころか、逆にあなたに対し『実るほど頭《こうべ》を垂れる稲穂かな』（人格者ほど謙虚で腰が低い）という見方をしてくれるようになります。同じ植物の例えでも、こちらのほうが好ましいですね。

ドイツのことば

すべての木から
パイプは彫れない。

相手の向き不向きを察知する

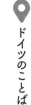

タバコを吸うときに使う筒状のパイプは、どんな木を材料にしてもいいわけではありません。パイプにはパイプに向いている木があり、材木を扱う職人たちによって選別されています。つまりこのことばは、パイプに使う木を人間に置き換えて、こう表現しているのです。「誰にでも向き不向きというものがある。人を使うときや、人に何かをお願いするときは、常にそのことを念頭に置かなくてはならない」と。

例えば、上司の立場にある人が、人前でしゃべるのが苦手な部下に向かって「会社主催のパーティーの司会を頼むよ」と依頼しても、部下は苦痛を感じるだけだし、その上司は恨《うら》みを買うだけです。

しかし、その部下が文章を書くのを得意としているならどうでしょう。「企画書の作成を任せられるのはキミが適任だから、よろしく頼む」と依頼したら、部下は発奮するでしょうし、何よりもそのようなことばを投げかけてくれた上司に好印象を抱くようになります。

不向きなことは相手に強要しない。逆に向いている分野は生かしてあげる。そういった意識の有無によって、上司の人望も決まってしまうようになるのです。

オーストリアのことば

最高の**占い師**は外にいるのではなく、**自分の内**に**存在**する。

運命の支配者は自分自身

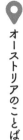

ある男が占い師に未来を占ってもらったところ、「最悪」と言われたので、別の占い師に鑑定してもらった。そうしたら「最高」と言われた。そこで今度は、三人目の占い師に鑑定してもらったところ、「可もなし、不可もなし」と言われた。結局、三人目の占い師のことばを信じたところ、その男の人生は本当に「可もなし、不可もなし」だった、ということから生まれたのがこのことばです。

わかりやすく言うと、「運命の支配者は、他ならぬその人自身であり、運命というものは、その人の考え方次第で決まってしまう」ということを、冒頭のことばはわれわれに教えているのです。自分の人生が「可もなし、不可もなし」だと思い込んだ男は、大きなチャンスがあってもチャレンジすることもなく、自ら平凡な人生を選んで歩んで行くのでしょう。

占いというのは、占い師や占いの方法によって結果は千差万別です。一二星座に分ける星占い一つとっても、ある雑誌では「てんびん座の人は今週は吉」、別の雑誌では「今週は凶」、さらに別の雑誌では「中吉」みたいにバラバラなことが書かれています。

自分の人生は自分だけのものです。自ら考え、その道を信じていくことです。

ドイツのことば

大文字ばかりで印刷された本は読みにくい。

休日はたまにあるから楽しい

このことばには、実はその後に続く一文があって、「休日ばかりの人生も同じである」と締めくくられています。

要するに、「大きな文字で印刷された本は読みやすいが、全部が全部、大きな文字だとかえって読みづらくなる」という例えを出すことで、「休日もたまにあるから楽しいのであって、それがずっと続くと、人生は退屈極まりなくなる」ということを表現しているのです。

アメリカで石油王と呼ばれたロック・フェラーには、これに該当する逸話が残っています。あるとき彼は「もう、仕事にうんざりした。お金もたくさん稼いだし、これからはのんびりと過ごしたい」とリタイア宣言を行い、南の島に長期滞在したことがありました。しかし、楽しかったのは最初の数日だけで、だんだん暇をもてあますようになり、「やっぱり、これだったら仕事をしていたほうが良い」と思い直して、現役復帰したというエピソードがあります。

ですから、私たちもふだんは熱心に仕事に打ち込みましょう。そうすることで、リフレッシュできる休日がいっそう楽しくなり、存分に英気を養えるのです。

西洋のことば

一つ、二つの卵は体に良いが、五つ以上は命にかかわる。

何事も「ほどほど」がちょうど良い

「卵は栄養価が高いので、一～二個食べる分には体に良いけれど、しかし、食べ過ぎは禁物」という意味です。摂取し過ぎた場合は、コレステロール値が高くなってしまい、さまざまな生活習慣病を呼び込んでしまうといわれます。栄養のある卵が、かえって体に害を及ぼす結果となるようです。

このことばは、卵についての〝程度の問題〟を引き合いに出すことで、総じて「何を行う場合においても、ほどほどが良い」という真理を説いているのです。

仕事も猛烈にやり過ぎると、精神的にゆとりがなくなってきます。

遊びも度が過ぎると、お金を散財することになります。

運動もやり過ぎると、かえって体を痛めることになります。

ダイエットもやり過ぎると、病気になってしまいます。

何をするにも、やり過ぎると、それがどんなに良いことであっても、むしろ逆の結果を招いてしまうことになるので、バランスを考えながら、それらを行うことが大切です。

イギリスのことば

モノの**値打ち**は
それが**ない**ときに
一番よく**わかる**。

当たり前に使っているモノほど大切にしたい

ふだん、私たちが何気なく使っているモノであっても、それがないと一気に不便になり、生活に支障をきたすようになります。そのとき初めて、モノのありがたさを痛感することがよくあります。

その最たるものが電気製品です。私たちはそれらの故障など意識せず、ふだんは当たり前のようにテレビを観たり、ＣＤプレーヤーをかけて音楽を聴いたりしています。でも、それらが故障したとき、「観たい番組が観られない」「お気に入りの音楽が聴けない」ために、とても不快な思いをするものです。もっと困るのはエアコンが故障したときです。寒さが厳しいときや真夏の熱帯夜に故障したら、大変な状況になります。

しかし、いずれの場合にも、ふだん電源を入れるたびに〝ありがたさ〟を意識しているかと問われれば、必ずしもそうではないと思います。ふだん何気なく使っているモノや、当たり前のように利用しているモノに対して、「これらのおかげで、自分は快適な暮らしができる」と、たまには感謝の気持ちを抱くことが大切です。そうしていれば、もし壊れても、不快な感情を抱くことは少なくなるでしょう。

ドイツのことば

良い**木**は
良い**果実**をもたらす。
良い**ことば**は
良い**運**をもたらす。

プラスのことばは気持ちも運もアップさせる

土の栄養分が豊かで、日当たりの良い場所に立っている木には、甘い果実がたくさん実ります。しかし、土の栄養分もない、日当たりも悪い場所に木を移しかえたら、果実も実らないだろうし、仮に実ったとしても、甘さだって期待できなくなります。果実が実る良い木というのは、栄養分に恵まれた木なのです。

ことばに例えると、プラスのことばや明るい気持ちや考え方をたくさん口にしていると、それはその人の心の栄養分となって、運も上向くようになります。しかしマイナスのことばや暗い考えをたくさん口にしていると、その人の心は栄養失調となり、運も低下してしまうものです。

ことばには暗示の作用があります。

「できる。大丈夫。心配ない」

「きっと良くなる。未来は明るい」

「何をやっても楽しい。毎日が充実している」

このように、プラス指向のことばを意識的に用いるように心がけましょう。

ラテンのことば

一冊の本しか**読まない**者は**怖い**。

偏った知識だけを手に、人生をわたってはならない

一冊の本しか読まないと、そこに書かれてあることがすべて正しく、絶対的なことのように思えてきます。しかし、その本を書いた著者が勘違いをし、あるいは知識不足のため、誤った記述をしていたとしたら、その本しか読んでいない人間もまた誤った知識と知らずに吸収し、信じ込んでしまいます。しかも、怖いのは、その人が「この本はいい本だよ」と他人に勧めた場合で、そうなると誤った知識が伝染病のように巷《ちまた》に蔓延してしまうようになります。

ですから、私たちも人生論の本はもとより、実用書から専門書に至るまで、「一冊の本を読めばそれでよし」とは考えずに、できるだけたくさんの本を読み、幅広い見識をもつことに努めましょう。そうすれば、一冊だけでは気づかなかったことや新たな発見ができて、人生に大いに役立つことになります。

そして、本はもちろんなのですが、このような現象は個々人の思考にも同じことがいえるでしょう。つまり、たった一つだけの指針に依存してしまい、視野がせまくならないようにしたほうが良いでしょう。偏った思考だけによって判断、行動してはならない、ということです。

イギリスのことば

この世は舞台。人はみんなそれぞれの役を演ずる。

自分にふさわしい役割に気づくこと

演劇にはさまざまな役を演じる役者が登場します。イギリスを代表する劇作家シェークスピアの劇一つとっても、王様、貴族、家来、召使い、商人、芸術家など、たくさんの登場人物が場面を構成しています。いくら主人公が名演技を披露しても、ほかの登場人物なくして演劇は成り立ちません。それぞれが重要な役割を担っているのです。このことばは舞台を引き合いに出し、「人はそれぞれ天からその人にふさわしい仕事を与えられている。それによって、社会は成り立っている」ということを語っているのです。

世の中は実際そのとおりで、サラリーマンとして社会に貢献している人もいれば、教育者として人を育てる人、医者になって人の命を救う人など、さまざまな職種の人がいて、みんな社会においてそれぞれの役割を果たしています。

そして、運の良い人に共通しているのは、仕事を通して生きがいを満喫し、自己実現を果たそうと、徹底してその役を演じきっているということです。私たちも今の社会における自分の役割が何であるか、一日でも早く気づくことです。そして、自分の役を熱演することで運気を上げて、充実した人生を送れるようにしたいものです。

イギリスのことば

倹約《けんやく》は賢者《けんじゃ》の石。

くだらないことにお金を散財しない

〝賢者の石〟とは、中世ヨーロッパの錬金術師たちが「鉛などの金属を金に変える」際に用いる魔法の薬のことです。実際に組成されていたのかどうか、いまも議論がなされていて、幻想の石ともされています。

〝倹約〟とは、ご存じのとおり、節約をすること。無駄に出費をしないという、ある意味では消極的な姿勢に思える〝倹約〟が、逆に「鉛から金を生み出す」ような魔法の薬だと言っているのです。一見矛盾してみえる点こそ、このことばの大変奥深いところでしょう。「お金を作り出すためには、くだらないことでお金を散財しないで、倹約するのが一番。これに勝る魔法の薬はない」ということを説いているのです。

シンプルですが、そのとおりなのです。「お金がない。お金がない」と言いながら、お酒ばかり飲んでいる人が、酒代を切り詰めたらどうなるでしょうか。その人が一カ月に二万円のお金をお酒に費やしていたとしたら、年間、二四万円ものお金を「生み出す」ことができます。ということは、大型で高価なハイビジョンテレビだって買えるし、海外旅行にだって行けます。その意味で、倹約はまさに賢者の石、魔法の薬と言っていいのではないでしょうか。

ユダヤのことば

「**暇なときに学ぼう**」
と言ってはならない。
おそらくあなたは
暇をもつことは**ない**であろう。

忙しいからこそ、スキルアップを図る

海外旅行の計画を練るときなどに、「行く前に現地のことばを勉強しておこう」と決意する人は多いと思います。けれど、実際には「今は忙しいから、そのうち時間ができたときに勉強しよう」となってしまう人も、意外と多いのではないでしょうか。

そのような人は、永久に「今は忙しい」を連発し、いつまで経っても勉強はできないということを、このユダヤの格言は示しています。「忙しいから」と勉強を怠るのは、単なる言い訳に過ぎません。

本当にやる気があるならば、ちょっとした細切れの時間を見つけ出し、スキルアップに当てられるはずなのです。例えば短期間で語学をマスターする人や、国家資格を取る人などは、日常生活がどんなに忙しくても、勉強する時間を作り出そうとしています。往復の通勤電車に乗っているとき、喫茶店で人と待ち合わせをしているときなど、自分の心がけ次第で、どこでも勉強はできます。

自分に甘くなって「忙しいから……」とスキルアップを怠けるか。「忙しくても……」と言い聞かせスキルアップを図るか。どちらかと問われれば、もちろん、幸運の女神は後者の人間に微笑んでくれるはずです。

イギリスのことば

愚者は漫遊《まんゆう》。賢者は旅行。

旅は自己啓発に一役買ってくれる

旅をしたとき、どこで何をして、どんなことに思いを巡らせるかで、人は愚者になるのか賢者になるのかに分かれます。愚者は、旅先で遊ぶことや美味しいモノを食べることばかり考えます。それは、目先の幸福を重視する〝漫遊〟です。これに対し賢者は、旅先の風情を味わい、その土地ならではの文化や風習にふれようとします。一生ものの経験を積み、見識をさらに深めようと考えているのです。つまり、このことばは「旅の一番の目的は、レジャーを楽しむことではなく、自己啓発を図ること」と、〝旅行〟の意味を問うているのです。

温泉につかって、宴会で盛り上がり、お土産を買って帰る旅行も、日頃のストレス発散という点においては意義があると思います。しかし、それだけでは旅の醍醐味を味わうことはできません。見知らぬ土地で異文化や未知の風習にふれ、新鮮な気持ちや感動を味わうことこそが、旅の醍醐味ではないでしょうか。

賢者であれば、そうして旅先から持ち帰った感動を、人生の発奮材料にします。自分を見つめ直すなどして、自己啓発をするのです。すると、仕事に役立つヒントが得られたり、新たな生きがいが発見できたり、自分磨きにいっそうの拍車がかかるようになるでしょう。

まだある！

「バランス良く生きる」世界のことば集

黒から白が出る。

モンゴルのことば

モンゴルでは、白はラッキーカラー、黒はアンラッキーカラーとされています。不運な状態の「黒」が、幸運な状態の「白」に一転することがある、という意味です。人生、何が幸いするかわからないのですから、危機的状況を迎えたとしても「これは幸運の前ぶれ」と自らに言い聞かせましょう。

目の前に二人の人間がいたら、一人は教師、一人は反面教師。

中国のことば

中国の思想家、孔子《こうし》の言行を記録した『論語』に由来することばです。自分を含め、三人で行動すると、他の二人の言動が比較できます。双方の良い点と悪い点を知ることができるわけです。つまり、三人で一緒にいると、自分以外の二人から良くも悪くも必ず何かが学べる、という教訓になっているのです。

積み荷が重過ぎると目的地まで運ぶことはできない。

中東のことば

馬車の荷台に荷物を詰め過ぎると、重くなって馬がいつもどおりに走れません。そのせいで、結局、目的地に到着できなくなってしまうのです。この積み荷を夢や目標に置き換えれば、壮大すぎる夢は、途中で挫折する可能性がある、というわけです。何かをやる場合、無理のない範囲で行いましょう。

井戸のカエルは海の大きいことを知らず、海のカメは井戸の小さいことを知らない。

モンゴルのことば

『井の中の蛙』と似ていますが意味は異なります。まったく違う環境で暮らすカエルとカメのように、「一つの環境に身を置き続けると、他の世界がわからなくなり、視野が狭くなってしまう」ということを示唆しています。

日頃から行動範囲を広げて、さまざまな人と交流を深めておきましょう。

第2章

先入観を捨て、やわらかく考える

越えられない高い壁に当たっても、
しっかり周りを見渡せば、
近くに壁を抜けられる穴が
あるかもしれません。
もし、悩みを抱えているのなら、
先入観を捨てて考えてみましょう。
意外と近くに解決の近道が
見つかるものなのです。

アラブのことば

あなたに起きた**悪いこと**は
砂に書きとめ、
良いことは
大理石に書きとめなさい。

悪い思い出は忘れ、良い思い出だけを残しておく

砂に文字を書いても、風が吹けば、すぐにその文字はかき消されてしまいます。しかし、大理石に刻んだ文字は石を壊さない限り、何世紀、いや何十世紀にわたって、後々まで残ります。転じて、「悪いことが起きたら、すぐに忘れるようにし、良いことが起きたら、それは楽しい思い出としてずっと心のなかにしまっておくと良い」ということを教えてくれています。

ところが、今の世の中では、その逆の行い、つまり、悪いことを大理石に書きとめている人が多いような気がしてなりません。「あのとき、あの人にずいぶんとひどいことを言われた」「ああ、あのとき、あんな失敗さえしなければ……」と、過去の不快な出来事を思い出しては、怒りや失望や悲しみの感情を新たにし、マイナスの余韻に浸る……。これでは、自らの運を自らの手で下げているようなものです。

人にされた不快なことなら忘れてしまうか反面教師にする、自分の失敗なら同じミスを犯さないための教訓とするのみにとどめることです。このことを指針に、良い出来事、楽しい出来事だけを、いつも思い出すように心がけ、プラスの余韻に浸り続けるようにすると良いでしょう。

西洋のことば

靴のサイズを忘れた男にはなるな。

視点を変えれば、解決方法がきっと見つかる

市場に行って、靴を買おうと考えている男がいました。彼は、自分の足のサイズを測ったメモを紙に書きとめていたのですが、市場に着くやいなや、その紙を忘れたことに気づきました。「しまった！　メモを書いたあの紙がないと、足のサイズがわからない！」と、家に紙を取りに引き返したのですが……。彼が再び市場に戻ってきたとき、すでに市場は閉まっていて、靴を買うことはできませんでした。この話を聞いた彼の友人は、「キミはバカじゃないのか。市場にはたくさんの靴が売られているんだ。それを一足ずつ履いてみて、どのサイズが合うか、試してみれば良かったのに！」と、あざけ笑ったのです。

パニック状態に陥ったとはいえ、確かにこの男の選択は愚かに思えます。しかし、焦ったり悩んだりしたときに、一つの道しか見えなくなるような経験は、誰しも現実にあると思います。このことばのポイントは、一つの方法に行き詰まっても、「視点を変えれば解決方法は容易に見つかる」という点なのです。

例えば、旅行に出かけるとき、乗る予定の電車が事故で動かなくなっても、いたずらに慌てふためく必要はありません。「タクシーが使えるかも」「バスを利用する手もある」と、困ったときこそ視点を変えて、解決方法を見つけましょう。

アルゼンチンのことば

真夜中に**起きても**
夜明けは来ない。
かえって**ケガ**をするだけだ。

時が来るまで今できることをして待つ

「夜明けが見たいと焦るあまり、真夜中に起きても周りは真っ暗で何も見えない。かえって、足元にある石につまずいて転んでしまい、ケガをする可能性がある」というわけです。つまり、「人生に勝利をおさめるためには、決して焦ってはならない。焦るとかえって失敗してしまう」ということを教えてくれています。

実際、自営業で失敗する人の多くは、この負のパターンに陥りがちです。「仕事が少ない」「利益にならない」という状況のとき、焦るあまり、本業をおろそかにして、他の儲かりそうな仕事に手を出そうとします。そして、それがダメだと思うや、また別の仕事に手を出してしまう。これもダメだとなると、さらに別の仕事に……。結局、その繰り返しで、いつまで経っても生活は楽にならず、なかにはそれが原因で破産してしまう人もいます。

どうにかして苦境を乗り越えないといけないのであれば、だからこそムダな動きは一切慎むことが大切です。夜明けが来るまでの間は苦しい日々が続くでしょうが、コツコツと本業をやり続け、本業の価値を高める努力をするほうがうまくいくと思います。

ドイツのことば

どうにもならないことは、忘れるのが幸福だ。

「宿命」は変えられないが、「運命」は変えられる

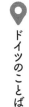

「日本人ではなく、西洋人に生まれたかった」

「女ではなく、男として生まれてきたかった」

「血液型がA型ではなく、O型だったら良かったのになあ」

人間には、こういった、どんなに頑張っても変えようのない宿命というものがあります。いくら思い悩んでも、解決の糸口をつかむことはできません。

宿命というような、どうしようもできないことで思い悩むのは時間のムダですし、バカらしいことなので、初めから考えないほうが良いのです。「忘れるのが幸福だ」というのはそういう意味です。

しかし、宿命と違って運命というものは、その人の心構えや考え方次第で、いくらでも変えていくことができます。心構えや考え方が変われば、仕事や人づき合いでの言動にも自ずと変化が生じるはずです。そして周囲の反応にも変化が生じてくるでしょうし、結果として生き方まで変わるようになります。

どうにもならない「宿命」を変えることを願うのではなく、自分次第でどうにかなる「運命」を変えることに力を注ぎたいものです。

トルコのことば

神は一つのドアを閉めても、千のドアを開けてくれる。

一度や二度の失敗でクヨクヨするな！

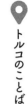

失敗することで、目の前にあるチャンスのドアは閉じられてしまいます。しかし、チャンスは何も一つだけではありません。挑戦の数だけチャンスのドアはあるはずです。このことばは、「一度失敗しても、成功のチャンスはまだたくさんある」ということを表していて、言い換えれば、「一度や二度の失敗で落ち込むな」というメッセージでもあります。

これを実践したのが、アメリカの自動車王と呼ばれたヘンリー・フォードです。彼は、それまでにない画期的なエンジンを開発するまでに、七〇回以上も失敗を繰り返したといいます。もっとすごいのは発明王エジソンで、電球を発明するのに数千回以上の失敗を繰り返したといわれています。

それに比べたら、私たちの失敗の数なんて少ないし、フォードやエジソンから見れば、そんなものは失敗のうちに入らないのではないでしょうか。

私たちは彼らを見習い、失敗数を増やすくらいの気持ちで、物事に挑みたいものです。そうすれば、神様がドアを開けて救いの手を差し伸べてくるかもしれません。

インドのことば

車が、舟に乗るときもあれば、
舟が、車に乗るときもある。

人間は助け合いながら、支え合いながら生きている

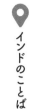

これは、つい、ハッとさせられる、世の真理をついた格言です。

ここで言う車とは、荷物を運ぶ手押し車のこと。舟というのは、インドの大河、ガンジス川流域などでよく見られる、木でできた小さなカヌーのことです。もし、遠隔地で手押し車が必要となったときは、目的地が遠いのでカヌーに乗せて川で運ぶことがあります。逆に、カヌーを陸に上げるときは、とても重たいですから手押し車に乗せて運ぶこともあります。この手押し車とカヌーの関係を、人間の相互扶助の精神に置き換えているのです。つまり、「人間もお互いが助け合い、支え合って生きている」ということです。

同僚が忙しそうだったので、代わりにお昼のお弁当を買ってきてあげたら、自分が残業でてんてこ舞いになっているとき、手助けをしてもらった。友達が就職活動に失敗して落ち込んでいるとき、相談に乗ってあげたら、今度は自分が失恋して落ち込んでいるとき、相談に乗ってもらった。こういった体験は誰もがしているはずです。ただ、自分のことしか頭にないと、つい相互扶助の精神を忘れがちになりますから、助け合い、支え合いの輪を拡大することに努めましょう。他人を助けることは、自分の身を救うことにつながるのです。

西洋のことば

逃げるのは恥だが、都合が良いこともある。

状況が不利なときは、いったん引き返すことも肝要

勇猛果敢な一人の騎士が、邪悪なドラゴンを退治するために森に入って行きました。ところがドラゴンは一匹だけでなく、数匹いたのです。しかし、騎士の剣は一本だけ。一匹のドラゴンを討ち果たすことができても、剣が一本では、他のドラゴンまで倒すことはできません。下手をすれば、自分がドラゴンの餌食となってしまうかもしれません。そこで騎士は、いったん引き返して、剣を多数そろえたうえで、再びドラゴンを退治しに行くことにしたのです。

騎士やドラゴンなどが登場する、中世ヨーロッパらしい民話から生まれたことばです。わかりやすく言えば、「状況が不利に思えるときは、無理に物事を押し進めようとしないで、いったん引き返したほうが良い」ということです。

積極的な姿勢で前に進むことは大切ですが、それだけがポジティブな生き方ではありません。状況が不利なときは、いったん退く勇気も必要なのです。そして態勢を立て直し、再びチャレンジすることもまた、ポジティブな生き方といえるのです。状況をしっかり分析し、進退をうまく見極めることも、人生を成功に導くための大きなポイントになるのです。

カンボジアのことば

精米を捨て、もみ殻をとる。

つまらないもののために、大切な何かを捨ててはいないか

精米とは、われわれがふだん口にしているお米のことです。もみ殻とは、その周りを覆っている殻のことです。精米には、たんぱく質や糖質、脂質、カルシウムなどの栄養が詰まっていますが、もみ殻の栄養価は極めて低いのです。「中身を捨てて、殻をとる」ということは、「つまらないもののために、大切なモノを捨ててしまう」という意味で、人間の愚かな行為に警鐘を鳴らしているのです。

このことばが生まれたカンボジアの主食は、日本と同じでお米ですので、食文化も日本と似ています。炊いたお米を平皿に乗せておかずと一緒に食べることもあれば、チャーハンやお粥、米粉を使った麺などの米料理も多様です。つまり、カンボジア人の最大の栄養源はお米（精米）であり、それを捨ててもみ殻を拾うような行為は、愚かさの象徴でしかないのです。

世の中を見渡すとそのようなケースが目立ちます。地位や名声ばかり追い求める人、人間性や性格はなおざりにして、外見や条件だけで結婚相手を見定める人。しかし、そのような〝もみ殻〟を選んだ人は、後になって仕事にやりがいを感じなくなったり、離婚したりと、後悔してしまいます。自分にとっての〝精米〟とは何か、といつも念頭に置いたうえで、物事を判断することが重要なのです。

西洋のことば

先週、今週と幸運ならば、来週はもっと幸運だ。

何をやってもうまくいくときは、積極的に行動してみる

このことばは、「いったん良いことが起きると、それは立て続けに起こる。そういうときは何をやってもうまくいく」という、幸運を信じる人のパワーになるメッセージです。人にはバイオリズムという運勢の波があるので、何をやっても不思議とうまくいくときもあるのです。

幸運の波が来ているときは、ありもしないリスクを恐れて、走ることを止めないようにしたいものです。自分の上昇気流に乗り遅れたら、次のチャンスは何年も先になるかもしれません。チャンスのときには、「今、事を起こせば大きなチャンスがつかめる。期待通りの成果が出せる」と考え、積極的に行動することも大切です。例えば――

日頃、温めていたアイディアを実行に移してみる。

大勢の人と会って自分を売り込む。

脱サラや転職活動を試みる。

ビジネスシーンでは、このようなアクションを起こせば、次の発展への契機になることもあるでしょう。それまでの不遇の時期、辛抱の時期に充電、強化しておいたエネルギーを、ようやく有効活用できる時期が来たということです。

中東のことば

海に流れ出たる水は川には戻らない。

〝持ち越し〟苦労はしない

日本の『覆水盆に返らず』ということばと同じような意味で、川から海へ流れ出て広がった水が上流の川へと逆行することはない、一度起きてしまったことはけっして元には戻らない、ということです。

私たちの日常でもあると思います。「あのとき、あんな失敗さえしなければプロジェクトはうまくいったのに……」とか、「あのとき、彼に余計なひと言を言わなければ、別れずにすんだのに……」といったように、終わったことをクヨクヨ考えてしまうのは、〝持ち越し〟苦労とでもいえることです。

そういった過去のつらい出来事を思い出し、イヤな思いにどっぷりつかっていても、タイムマシンにでも乗らない限り、過去に戻って、その問題を解決することはできません。むしろ自信や意欲を喪失するだけで、この先の人生にも悪影響を及ぼすことになりかねません。

であれば逆に、失敗を教訓として、「同じ過ちは絶対に繰り返さない」と誓えば、自信や意欲を失うことなく、前向きに生きていくことができます。一度起きてしまったことを、いつまでもクヨクヨ考えるか、教訓にして前を向いて生きていくか。後者の生き方に運が宿ることは間違いありません。

西洋のことば

名のある料理人は
食材を捨てることなし。

人を偏見や差別の目で見ないで、良いところを見つける

料理の達人と呼ばれる人は、どんな食材でもムダにはしません。野菜であれば、ダイコンの葉一枚とっても、捨てることなく、盛りつけに生かそうとします。魚でも同じことで、頭の部分や骨をスープのダシに使い、素材のすべてを料理に生かそうとするのです。

この食材という部分を人間に置き換えれば、適材適所をうまく実践できる人こそが、仕事の一流料理人とでも呼べるでしょうか。

実際に、ビジネス界の偉人たちは、「どんな人間でも有効に使う」という点に長けていました。例えば、自動車王ヘンリー・フォードやホテル王コンラッド・ヒルトンなどがその典型で、彼らはとことん社員を生かしきりました。

不器用な人でも、計算が得意なら、経理の仕事を任せました。学歴がなくとも、人に会うのが好きな人には、営業や接客の仕事をやらせました。体に障害があっても、人を束ねる力がある人は、マネージャーとして抜擢しました。

人を偏見の目で見ないで、差別しないで、良いところに着目し、それを生かすことを考える。そういう人が立派なリーダーになれるのです。

中国のことば

堀は一度落ちれば、知恵が一つ増える。

失敗を教訓として生かす

　昔、一人の旅人が堀のそばを歩いていたら、ツルリと足を滑らせてしまい、堀のなかに転落し、ずぶぬれになってしまったことがありました。以来、男は堀のそばを絶対に歩かないように心がけたということから、このことばが生まれました。ひと言でいえば、「失敗は教訓となって後々生きる」ということです。

　〝堀に落ちること〟を身近で例えるなら、パソコンで苦労して作成した大事な書類データを誤って消してしまうことなどが、ありがちな失敗でしょうか。一度そんな失敗をすれば、たいていの人はパソコンの操作やデータの取り扱いに慎重になります。自動車の運転も同じで、軽い接触事故を起こした後は、「二度と同じ過ちは犯すまい」と、今まで以上に慎重に運転します。

　そうです。失敗というのは一つの勉強なのです。失敗を悔やむだけでは、何も得ることがないばかりか、マイナスの感情だけが残ってしまいます。そうではなく、失敗したときは、「これでまた一つ知恵がついた」と思えば良いのです。

　失敗を教訓として生かし、それを知恵として、自分の頭のなかに吸収していく。それだけで、その後の人生はガラリと変わるようになるのです。

西洋のことば

クリスマスは年に**一度**しか
やって来ないが、
その**翌日**だって
年に**一度**しかやって来ない。

毎日を笑顔で楽しく生きることが大事

毎年、クリスマスは一二月二五日です。年に一度しかやって来ません。この日がやって来ると国内外を問わず、みんな大いに楽しみます。しかし、よくよく考えてみると、その翌日の一二月二六日だって、その翌日の一二月二七日だって、年に一度しかやって来ません。

つまり、このことばは、「クリスマスだけが、かけがえのない一日であるとは限らない。その翌日も翌々日も、クリスマス同様、貴重な一日となる」という観点から、「毎日、楽しんで生きることの大切さ」を説いているのです。

クリスマスの翌日、仕事で大きな商談をまとめる可能性だってあるし、さらにその翌日、独身の人なら赤い糸で結ばれた運命の人と出会う可能性だってあります。クリスマスだけでなく、毎日が希望と期待に満ちているのです。

それならば、「今日も、明日も、自分にとってかけがえのない一日になる」と考え、日々、楽しく明るく過ごしたほうが良いのです。一日一日を大切に、幸せな気持ちで暮らせるように心がけましょう。

フランスのことば

夢や願望は貧しき者たちにとってのパンのようなものである。

夢や願望は、心の糧となる生きがいをになう

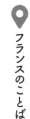

フランク王国と呼ばれていた中世のフランスは格差が激しく、庶民の大半は貧しい暮らしを強《し》いられ、満足なモノを食べることができませんでした。

唯一のぜいたくといえば、できたてのパンを食べることくらいで、多くの人が食べた瞬間、生きる喜びを感じたといいます。

当時の貧しい庶民が、できたてのパンに生きる喜びを感じたように、困窮した生活を強いられている人々も、夢や願望をもっていれば、生きる喜び、すなわち〝生きがい〟を感じられるようになる、と励ましてくれています。

実際、そのとおりなのです。

人間、夢や願望をもっていれば、毎日を楽しく過ごすことができるのでイキイキしてきます。なぜなら未来に希望がもてますし、物事を前向きに建設的に考えられるようにもなるからです。つらいことや悲しい出来事に遭遇しても、それを乗り越えていくための勇気がもてるようになります。

それならば、理想とする将来像、なりたい自分の姿を頭のなかにしっかりと思い描き、それを人生の糧として生きていくことが大切になります。

カンボジアのことば

長いウナギに長い鍋。

「こうあるべきだ」を捨て、思考は柔らかく

あるとき、農夫が川で大きなウナギを釣りました。農夫が妻にウナギ料理を作るように言ったところ、妻は浮かない顔をしています。農夫がその理由を尋ねると、妻はこう答えました。

「おまえさん。このウナギ、ウチでは料理できないよ。だって、ウチには長い鍋なんてないからね」

この民話を由来としていることばで、物事に柔軟に対応できない人間の愚かさを指摘しています。

しかし、私たちは「ウナギは長いから、鍋も長くなければダメ」と思った農夫の妻のことをあながちバカにはできません。人間には、固定概念に縛られてレッテルを貼って物事を見たり、人物を判断したりすることがあるからです。

何事に対しても「こうするべきだ」「こうあるべきだ」という固定観念を捨てて、日頃から物事をフレキシブルに考えることが大切です。

イギリスのことば

指輪は失くしても指はある。

人生はいくらでもやり直しがきく

ある靴職人が事業に失敗して全財産を没収されてしまい、大切にしていた指輪まで取られてしまいました。しかし、彼はこう思ったのです。「指輪は取られても、指までは取られていない。指があれば、また職人として一からやり直すことができる。うまくいけば、今度こそ、事業を発展させることができる」と。転じて、このことばは「知恵や技術やノウハウがあれば、失敗してもいくらでもやり直しがきく」ということを意味しています。

事業で致命的な大失敗をしたとしても、せいぜいお金を失うくらいで、その人の頭脳や身につけた技術まで失われることはないのです。〝お金のなる木〟である頭脳や技術は健在なわけですから、生活をたて直すのに必要なお金は、また作り出していけるようになるのです。

また失敗というのは、良い教訓に換えることができます。それは、〝お金のなる木〟の構成要素ともいえるその人の知恵、技術、ノウハウといったものに、いっそうの磨きをかけることにもなります。

そう考えると、失敗とは、人生で成功をおさめるための「指南役」と言っても良いのではないでしょうか。

インドのことば

泥の舟は今日沈まずとも明日には沈む。

やる気だけでは、人生の表舞台で活躍できない

昔、二人の勇者が王様の命令で、海の向こうの離れ小島にいる盗賊たちを退治しに行くことになりました。盗賊たちを退治すれば、王様からご褒美がたくさんもらえるということで、二人の勇者は張り切って舟を作ることにしました。しかし、舟の作り方は対照的でした。一人は黙々と筏《いかだ》を組んだのに対し、一人は固まった泥をかき集めてササーッと舟を作り上げ、先に盗賊退治に向かいました。筏舟の先を越したように見えた泥舟の勇者でしたが、翌日になると泥でできた舟は水に溶け始め、結局、泥舟に乗った勇者は溺れ死んでしまいました。

この故事から生まれたとされることばで、「やる気や体力があっても、知識や教養がなければ、人生という表舞台で活躍することはできない」という意味があります。どちらの勇者も盗賊を退治できるだけの能力は十分備えていました。ただし、一つだけ違っていたのは、泥は水に溶けるという性質を知っていたか知らなかったかという、いわば知識と教養の差であったといえます。

私たちも同じで、やる気があっても、知識や教養がないばかりに墓穴を掘らないとは限りません。自分の仕事、今後の人生に関わる新聞記事や本を数多く読み、やる気が空回りにならないように、見識を深めておきたいものです。

イギリスのことば

湖の水は、家の**火事**を消しては**くれない**。

遠くの親戚より近くの他人

あなたが、湖の近くに住んでいて、水道を引かず、生活用水をすべて湖の水に頼っていると仮定してください。もし、家のどこかに火がついたとしたら、どうしますか？　水道がないので手元に水はない状態ですから、火の勢いは増すばかりで、舞い上がる炎を消すことはできません。しかし、もし湖の水とは別に、バケツ一杯の水でも手元に備えてあれば、火事を鎮めることができます。

『遠い親戚より近くの他人』と日本でもいわれますが、暗示していることは同じです。困ったときや誰かの助けが欲しいとき、遠いところで暮らしている親類や友達よりも、身近にいる人のほうが頼りになる、というわけです。

引っ越しのとき、軽トラックを借りて段ボールを運ぶなど、手伝ってくれるのは、身近な同僚の場合が多いでしょう。故郷にいる親類ではありません。また、失恋で落ち込んでいるとき、あなたが何も言わなくても、元気がないと気づいてなぐさめてくれるのは身近な友達です。故郷の幼なじみではありません。

もちろん、故郷の親類や幼なじみをないがしろにすることではありません。火事に備えて家にあるバケツ一杯の水、すなわち、「身近にいる職場の仲間や友達をもっと大切に」という意味が、このことばには込められているのです。

カンボジアのことば

川に入れば**ワニ**、
陸に上がれば**トラ**が待ち伏せ。
家のなかが一番**安心**。

うまくいかないときは、しばしの間じっとする

川に入って泳ごうとしたらワニが待ち伏せているし、陸にはトラが待ち伏せているというのは、いわば八方ふさがりの状況を表しています。ワニとトラはカンボジアに生息する危険な動物で、人生における「困難」な状況ということ。そんな川も陸も危険で、どこにも行けないときは、家にいるのが良いという意味です。

八方ふさがりで何をやってもうまくいかないときは、じっとしているのが一番です。ジタバタと動き回れば、ますます状況が悪化しかねません。

人生にはバイオリズム、すなわち運勢の波というものがあるようで、何をやってもうまくいくときもあれば、何をやってもうまくいかないときがあります。問題なのは後者のほうで、そういうときに、躍起になって動いてもろくな結果は出せないし、かえってトラブルやアクシデントの火種を作りかねません。

今、自分がそんな状況にあるかもと思い当たる人は、しばらくの間、状況の推移を見守り、事態が好転していくのを待つことが重要になってきます。うまくいかないときもヤケにならず、「近い将来、きっと良くなる」ことを信じましょう。そして来るべきときに備えて、パワーを充電しながら待つことが大切です。

ポリネシアのことば

ナマコを信じるな。

人を見かけで判断してはならない

南の島のビーチには大きなナマコがたくさんいます。そのため、「食べごたえがあるだろうな」と考えて大きなナマコを捕獲しても、陸に上がると内臓が溶けだして、しばらくすると食べる部分がないほどにやせ衰えてしまいます。

このことから生まれたことばで、「ナマコ同様、人間も見かけで判断してはならない」ということを表しています。

結婚がいい例です。「彼はスリムで格好が良いし、高収入だから」という条件に目を奪われ、一緒になったとします。しかし、年齢とともに彼のお腹が出てきて太りだしたり、リストラに遭って会社をクビになったりしたら、途端に嫌気がさして、愛情が薄れてしまう可能性だってあります。

ビジネスシーンも同じで、相手の肩書きや会社のネームバリューで人を判断すると、損得勘定にとらわれてしまうため、いつか失敗することもありえます。

公私を問わず、大切なのは、お互いの人間性を認め合い、心と心のつながり、結びつきを重視することです。それさえできれば、どんな人とでもうまくやっていけるようになるのです。

モンゴルのことば

馬の良さは乗ってわかる。人の良さはつき合ってわかる。

相手の可能性を感じるべき

テレビ番組の時代劇などで、役者が軽快に馬を走らせる様子は見たことがあるかもしれません。しかし、いざ乗馬してみると想像以上に難しいものです。気性の荒い馬もいますし、乗り手との相性も大切です。

このことばが生まれたモンゴルでは、都市部を除いて、今なお遊牧をしながら暮らす人々がいます。草原では自動車よりも馬のほうが圧倒的に便利ですので、彼ら遊牧民は馬との共生が必須なのです。モンゴルの人々にとって、馬と自分の相性は生活に関わる重大事ですから、馬の見た目は二の次といえます。

このことばは、「馬も人も見かけだけでは、良さがわからない。馬の場合は乗ってみて、人の場合はつき合ってみてこそ、初めて良さがわかる」というストレートな表現なのです。

「あの人は愛想が悪くてつき合いづらいと思っていたけど、食事をしたらとても誠実で、親切な人だとわかった。おまけに趣味も一致していた……」なんてことが、私たちの日常や人づき合いでもしばしばあります。ですから、イメージや先入観だけで、相手を敬遠してはいけません。その人と実際につき合い、腹を割って話してみることで、相手の素晴らしさを感じる可能性だってあるのです。

北欧のことば

今日は北風、明日は南風。

人生の風向きは突然変わるもの

このことばには、「今日が良くなくても、明日は良くなる可能性がある。悪い状況に陥っても、そのときはそのときで、なるようになる」というメッセージが込められています。

世の中を見渡してみると、北風に吹かれてずっと寒い思いをしていたのに、突然、南風に吹かれて暖かい思いができるようになった……という人が大勢います。うだつのあがらないサラリーマンが、ヒット商品を手がけたことで脚光を浴びるようになった。失業状態がずっと続いていたが、あるとき、知人の紹介で再就職が決まり、活路が開けた、というように。

長い不遇の人生でも、耐えていれば、突然の幸運に見舞われることもあるのです。そうです。世の中は、まっとうに生きていれば何とかなるものなのです。今は不運でも明日は流れが変わり、幸運な人生に転じることだってあるのです。

明日は風向きが変わることを信じて、あくまで前向きに、希望をもって生きていくことが大切なのです。

イタリアのことば

わが家よ、
いかに小さくても
お前は私の大宮殿。

知足《ちそく》の精神を持つ

どんなにボロボロな家であっても、そこにはベッドや布団、キッチンには食材もあります。その家があれば、寒さで凍え死ぬこともないし、ゆっくりと眠ることもできます。朝、起きたら、食事をとることもできます。日々の暮らしという点では、王様が住む大宮殿とたいして変わりはありません。ぜいたくな調度品やご馳走があるかないかの違いで、生きていくための設備は足りているのです。

このように分相応の環境に満足することを「足るを知る」と言います。つまり、〝知足〟の精神を持つことが大切なのです。

逆に言えば、知足の精神がないと、「もっといい家に住みたい」「もっとたくさんのお金が欲しい」という欲求にかられるようになります。思いどおりにいかないと、今度はフラストレーションを溜め込んで、心がどんどん貧しくなっていってしまいます。これでは、いつまでたっても心に平穏は訪れません。

もし、人の境遇を羨んだり、誰かと自分を比較してしまう感情が一瞬でも芽生えたら、「人間の欲求には際限がない。今のままで十分」と自分に言い聞かせましょう。現在の境遇にだって、もっと感謝すべき部分は見つかるはずです。

まだある！

「やわらかく考える」世界のことば集

屋根が大きければ大きいほど雪も多く積もる。

中央アジアのことば

大きな家に住むお金持ちは、雪が降ると大変です。通常の何倍も広い屋根に積もった雪を降ろすには、通常の何倍もの労力が必要なのです。転じて、「肩書きや名声を得ると、苦労も増大する」ということを表しています。必要以上の地位は求めず、マイペースに生きるほうが幸せかもしれません。

乳でやけどした人は、ヨーグルトを吹いて飲む。

モンゴルのことば

熱いミルクでやけどした人は、大人になっても「水以外の飲み物は熱い」と信じ込み、冷たいヨーグルトドリンクでさえフーフーと吹いて飲もうとします。その姿に、“固定観念を抱く愚かさ”を込めた格言です。夢や願いに対しても、最初にできてしまった「できない」「困難だ」という固定概念は、捨てていきたいものです。

百年後の自分を憂う。

スペインのことば

今はすごく元気でも、人間、いつ死ぬかわかりません。思案を巡らせて悩んだとしても、確実なのは、百年後には必ず死んでいるということ。ですから、「いつどうやって死ぬのか」を考えるのがバカバカしいように、どうなるかわからない将来についての取り越し苦労はすべきではない、というわけです。

笑って暮らすも一生、泣いて暮らすも一生。

ドイツのことば

友人と映画を観る予定だったが、大雨で中止になったとします。そのとき、「ツイていない」と考えるか、「音楽を聴いてのんびりできる」と考えるかで、その日の運勢が変わります。過去、現在、未来、つまり人生は、「今」の連続ですから、今をどう考えるかで、その後の幸不幸も決まるのです。

第3章

希望をもって、前向きに行動する

『案ずるより生むが易し』
『災いを転じて福となす』
似たことばはたくさんあります。
共通するのは、
「やってみれば、うまくいくこともある」
という前向きな考えです。
クヨクヨと内向きになるのではなく、
まずは動いてみるのも良いものです。

フランスのことば

卵を割らなければ
オムレツは作れない。

行動なくして成果は期待できない

これと似た格言は世界各地に点在します。
『井戸から水を汲まなければ、渇いた喉はうるおせない』（ドイツ）
『魚を干さなければ、干物は食べられない』（香港）
『掘らなければ、石油は使えない』（中東）
もうおわかりでしょう。これら各国の格言は、「行動なくして一切の成果は期待できない」ということを明示しているのです。
勉強するという行動なくして、海外に留学することはできません。原稿を執筆するという行動なくして、作家デビューを果たすことはできません。異性と会い、話すという行動なくして、結婚は成就しません。
「願いがかなわない」といって嘆く暇があったら、そんな当たり前のことをきちんとやっているかどうかを、足元から見つめ直すことが大切です。
『棚からぼた餅』で、人生が自分の望む方向に展開していくほど、世の中は甘くないのです。

ミクロネシアのことば

ドリアンは食べてみなければわからない。

人生には体験してわかることのほうが多い

東南アジアに旅行したことのある人はご存じでしょうが、南国のフルーツ、ドリアンはタマネギが腐ったような悪臭を放つため、現地では公共の場所やホテルに持ち込むことが禁止されている所もあります。そんな事情もあって、果物の王様と呼ばれていても、ドリアンを食べたことのない人は、名前を聞いただけで忌み嫌い、人から勧められても食べようとはしません。

ところが実際に食べてみると、ドリアンはとても甘く、レアチーズケーキのような味で、たいていの人は「思っていたよりも美味しかった」と言います。

転じて、このことばは「人生には実際に体験してみなければわからないことのほうが多い」ということを教えてくれているのです。

「料理なんか自分にはうまく作れない」と思っていても、実際にやってみたら、どんどん腕を上げていき、気がつけばシェフやパティシエになっていた……という人だって、世の中にはいるのです。

ですから、今まで経験のないことをするときは、物怖じすることなく、とにかく取り組んでみることです。自分でも気づいていなかった意外な果実の種を見つけられるかもしれません。

ドイツのことば

樫《かし》の木は
斧を使っても
最初の一撃では
倒れない。

一度でクリアできなくてもあきらめない

樫の木は、漢字で木偏《きへん》に堅と書くように、大変堅《かた》い木です。切り倒そうと斧を振っても、一撃では倒すことはできません。何度も何度も斧を振り入れることによって、切れ目が深くなり、ようやく倒すことができるのです。

大きな目標は、樫の木のようなものです。目標に向かってチャレンジしても、一発でうまくいくことは、まずありえません。何度も繰り返しチャレンジすることで、ようやく目標が達成できるようになるのです。

例えば、司法試験など国家資格の難関試験に、最初の一回で合格できる人は、ごくわずかです。何回も挑戦するなかで、勉強を重ね、試験の要領をつかむなどして、数年かかってようやく合格できた……というケースが圧倒的です。

ですから、目標の達成を目指して行動を起こす場合も、「すぐに成果は期待できない。最初はうまくいかないのが当たり前」くらいのリラックスした心持ちでいたほうが良いでしょう。そうすれば、結果的にうまくいかなくても落ち込むことはないし、前向きの気持ちを失わずにすむはずです。

モンゴルのことば

絵のロウソクは百あっても、部屋を灯してはくれない。

かなえたい願いを『絵に描いた餅』で終わらせるな

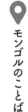

有名な画家が、いくら上手に、たくさんのロウソクを絵に描いたとしても、それらは部屋に光を灯してはくれません。真っ暗な部屋に本物そっくりのロウソクの絵を置いても、部屋はただ真っ暗のままです。

日本にも『絵に描いた餅』という、よく似た意味のことばがあります。願望の内容がどんなに素晴らしくても、実現しなければ意味がないということを示しているのです。

言い換えると、〝願望と妄想は違う〟ということです。どれほど壮大な願望であっても、実行できない絵空事ではダメです。それは〝妄想〟でしかありません。あくまで実現の可能性を秘めたもののことを〝願望〟と呼ぶのです。

自分自身の願望がわからない……という人もいるでしょう。それなら、「今はできないけれど、いつかできそうなこと」や、「今はなれないけど、いつかなれそうなこと」に目を向けてみるといいかもしれません。

そうすれば、「今はしがないサラリーマンだけど、近い将来、脱サラ独立して起業家として活躍する」「一級建築士の資格を取って、街作りのプロデュースにたずさわる」などと、少し具体的な道が思い浮かぶでしょう。

イタリアのことば

悪魔は絵に描かれた姿ほど恐ろしくはない。

やってみたら、意外と簡単にできることは多い

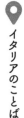

中世ヨーロッパの人が本当に悪魔を目撃したかどうかは定かではありませんが、実際の姿は絵に描かれた姿に比べると怖くはなかったようです。これは、日本のことば、『案ずるよりも生むが易《やす》し』同様、「あれこれ悩んで心配したことも、やってみたら意外とそうではなかった」という教訓なのです。

恋人の家族に初めて会うときには、「口下手だし、緊張してしまい、うまくしゃべれなくなるかもしれない」と不安に思う人は多いでしょう。でも実際に会ってみたら、さほど緊張することなく、案外、和気あいあいと会話が弾む可能性だってあります。

苦手なことをしなければならないときは、このことばを思い出してください。逃げたり、恐れたりしないで、とにかく気持ちをリラックスさせてトライしてみることです。そうすれば、意外とすんなりとこなせるかもしれないし、今まで気づかなかった才能が発見できるかもしれません。

フランスのことば

ワインの**栓**を**抜**いたら、
なるべく**早**いうちに**飲**め。

事を起こしたからには迅速に！

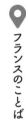

どんなに高級なワインであっても、栓を抜いたら、なるべく早く飲んでしまわないと、風味がだんだんと落ちていき、せっかくのワインが台無しになります。下手をすると、お酢のように酸っぱくなってしまいます。

このことばは、ワイン王国、フランスらしい表現です。ワインの味の変化が物語っているのは、「いったん事を起こしたからには、できるだけ迅速に行動しなければならない」ということ。だらだらしていると、チャンスが遠のいてしまうと教え示してくれているのです。

「アロマセラピストになりたい」「会計士の資格を取りたい」という願望がいい例で、だらだらと何年も勉強を続けていたら、次第に苦痛を感じ、モチベーションも低下し、集中力も欠けるようになります。本人は何年もかけて勉強しているつもりでも、その中身は実は惰性で続けている……ことになっているのかもしれません。それでは当然、試験に合格する可能性も低くなります。

まずは、「二年以内にアロマセラピストの資格を取る」「どんなに遅くても三五歳までには会計士の試験に合格する」といったように、タイムリミットを設けることです。その間だけは、目的だけに意識を集中するといいでしょう。

夏に汗をかかないと、冬にこごえる。

今を楽して生きるという考え方から抜け出す

このことばを、「日照りの弱い北欧では、短い夏の間だけでも日光に当たって、体を鍛えておくと良い」と解釈する人もいますが、本当の意味はイソップ物語の『アリとキリギリス』と同じです。「現状に甘んじて、今を楽して生きるという考え方から抜け出して、いざというときのために自分を磨いておく必要がある」ということを説いています。

たいした努力もしないで、毎日気楽に生きられれば、それはそれで幸せかもしれません。でも、今の世の中は、先のことは誰も予測できない時代です。「毎日、平穏無事であれば良い」「お給料さえキチンともらえればそれで良い」という考えから抜け出さないと、いざというときに困るのは自分自身です。会社の倒産、リストラなど、他人事にできない時代です。この厳しい世の中を生き抜いていくために、「幅広い人脈を作っておく」「実務に役立つ専門知識をマスターしておく」ということが必要です。

逆に言えば、そのようなことを肝に銘じて日頃（＝夏）から実践していれば、厳しい世の中を生き抜いていけるのはもちろんのこと、たとえリストラなどの憂き目（＝冬）にあっても困ることにならないのです。

アラブのことば

約束は雲、実行は雨。

約束したら必ず実行に移す

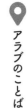

ご存じのように、アラブの世界、とくにアラビア半島周辺は、非常に乾燥していて砂漠の多い地帯として知られています。めったに雨も降りませんが、まれに「あっ、雨雲だ！　雨が降るかもしれない」という瞬間は訪れます。しかし、遠くに見えた雨雲は自分たちに近づかず、雲は雨を降らすことなく、そのままどこかに過ぎ去ってしまう。そんなことが日常茶飯事なのです。

そして、アラブ世界特有のこの表現には、雨雲は「人間の約束事」、雨が降るという現象は「約束の実行」と、それぞれ意味が込められているのです。つまり、「人は約束を交わしても（雨雲が見えても）、それを実行に移さないことのほうが多い（雲は通り過ぎることが多い）」という暗示なのです。

実際に、「今度、一緒に食事でもしようよ。近々、連絡するから」と言いながら、なしのつぶての人や、「誕生日会には必ず出席します」と言っておきながら、平気でドタキャンする人がいます。

しかし、そんなことを繰り返せば、「あの人は口先だけで信用できない」というレッテルを貼られてしまうことになります。ですから、いったん口にしたことは、アラブの世界の雨雲にならないように、必ず実行に移したいものです。

アメリカのことば

日の照っている間に干し草を作れ。

やるべきときに、やるべきことを行う

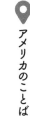

馬のエサにもなる干し草は、日中、太陽が照っているときに干して、よく乾かさなければなりません。太陽が沈んだ夜になってから干したのでは、十分に乾かすことができず、エサ用に長期保存ができなくなります。

物事には好機があります。このことばも、「やるべきときにやるべきことを行うことの大切さ」を教えてくれています。

例えば、一日も早く中国語をマスターしなければならない事情があるとします。成功できない人は、「来年の一月から学校に行って勉強を始めよう」などと考えます。ところが、成功する人はこう考えます。「毎晩一時間だけ中国語の勉強をするのを日課にしよう。今日、家に帰ったら始めよう」と。

人生で成功をつかむには、今、一番にやらなくてはならないことは何かを考え、すぐに始めることが大切です。

同じようなことばには、雨が少ないトルコの『雨の降っているうちに水がめを満たせ』や、乾燥地域の南アフリカの『粘土がしめっているうちにこねよ』などがあります。

モンゴルのことば

敵が来て火薬をこねる。

日頃から、自己鍛練しておく

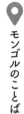

戦いで火薬を使うときは、敵が襲撃してきてから火薬を作ったのでは間に合いません。あらかじめ、火薬をこねておき、万全の準備を整えておかなければ、敵を打ち負かすことができません。

日常生活でも仕事でも、準備の大切さは誰もがよく知っていることです。さらにそれを進めて、「いつ、どんな仕事でもこなせるように、日頃からスキルアップを図るなどして、自己鍛練しておく必要がある」ということを、このことばから学ぶことができるのです。

今は営業の仕事をしていたとしても、「将来、総務部に配属になる可能性がある」と思ったら、暇を見ては経理や労務管理に関する勉強をしておくのです。現実にそうなったとき、事前に吸収した知識やノウハウがあれば、うろたえることなくマイペースで仕事を行うことができます。また、今の仕事に直接には関係しないことでも、どこかでその知識が役立つこともあるでしょう。

そうしたことも含めて、このことばにある、自分にとっての「火薬」は何であるかを知り、日頃から十分にこねておくことです。

北欧のことば

泡立つ激流は凍《こお》らない。

動きがあればチャンスに恵まれる

激しく流れる水は、岩にぶつかり、渦をまき、水しぶきを上げるなど、変幻自在のパフォーマンスを見せながら、下流へと下っていきます。この動きは、どんなに気温が低くても変わることがないため、川は凍りついている暇などありません。水の流れはよく人生に例えられますが、このことばも、「人間も動き回っていれば、停滞することはない。むしろ飛躍、発展、成功のチャンスに恵まれるようになる」という前向きな考え方を示しています。

成功する人というのは、じっと閉じこもっていたりしません。いろいろなところに顔を出し、いろいろな人と会っています。そのおかげで、願ってもない情報をつかむことができます。自分の将来に直結するかけがえのないヒントを得ることができます。暮らしや仕事を応援し、協力してくれる人脈も作りやすくなります。逆に言えば、まめに動き回る人がうまくいかないはずがありません。

人生が停滞している人は、ただあれこれ考えるだけで、動いていないのではないでしょうか。積極的に外に出て、人と交わることでチャンスをつかむことができるはずです。動くことで日々の生活を変えるようにすると、何事も良い方向に向かうことでしょう。

マルタのことば

日光でイモは焼けない。

怠けていては、期待どおりの成果は出せない

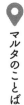

昔、ある村に大変怠け者の男がいました。あるとき、イモを使った料理を作ろうと思い立ったものの、焼くのが面倒なので、日光に当てていれば、そのうち焼けるだろうと考え、庭先にある日差しの強い場所に置きっぱなしにしました。すると、たまたま通りかかった旅人から、「まともに火をつけようともしないで、どうして美味しい料理にありつけようか」と、忠告されたことから生まれたのがこのことばです。

わかりやすく言うと、「怠けていては、期待どおりの成果は出せない」ということです。これをビジネスシーンに当てはめると、営業の仕事がまさにそうです。新商品を販売するに当たって、適当な気持ちでパンフレットを配るだけではお客さんは購入してくれません。口頭でも熱心に説明するなど、新商品のPRに努めてこそ、初めてお客さんは購入を検討してくれるようになります。

仕事で思いどおりの成果が出せない人は、日々の仕事ぶり、やるべきことをイモに置き換えてみてください。焼こうとしないで、日光に当てているだけになってはいませんか？　一度チェックしてみると良いかもしれません。

シンガポールのことば

カマキリが馬車を止める。

人は前向きに、積極的に生きている人に好感を抱くこのことばはシンガポールの民話が由来になっています。

ある国の王様が馬車に乗っていたときのことです。一匹の緑の虫がカマをもたげて馬車の車輪に飛びかかってきたので、御者《ぎょしゃ》（馬車を走らせる人）が馬車を止めました。王様が「それは何という虫か？」と尋ねると、御者は「この虫はカマキリといい、前に向かって一直線にしか進むことしかできない愚かな虫です」と答えました。すると王様は、「それが人間ならば、前向きで勇猛果敢な勇者になっているであろう」と褒《ほ》めたたえ、カマキリを逃がしてあげたという説話から生まれたとされています。

要点は、カマキリの直進性に注目して、「人は前向きであり、かつ積極的に生きている人に好意を寄せる」ということです。

実際、そういう人を目の当たりにしたなら、「応援してあげよう」「協力してあげよう」という気になるのが人間の情というものです。

自分の目標や願いを達成しようと思ったならば、カマキリのような真っ直ぐな前向きさが必要になるということです。

ロシアのことば

どの野菜、果物にも
旬というものがある。

人生開花の時季は必ず巡ってくる

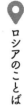

旬の野菜、果物はどれもとても美味しいものです。春ならキャベツ、アスパラガス、イチゴ、夏ならキュウリ、トマト、スイカ、秋ならナス、カボチャ、クリ、冬ならダイコン、ハクサイ、ミカンなど。もし、これらを時季外れに食べたら、珍しいということでの喜びはあるかもしれませんが、やはり旬の野菜や果物が一番美味しいでしょう。

人も同じです。人生にも旬というものがあり、「その時季になれば人は必ず開花する」ことは往々にして起こりえます。

いい例が「脱サラ独立」です。素晴らしいアイディアやノウハウがあり、また開業資金が用意できたとしても、「あなたのためなら一切の協力を惜しまない」と言ってくれる人脈がなければ、まだ独立のとき（＝旬）ではないということです。逆に人脈がたくさんあっても、開業資金がなければ、これまた旬とはいえません。そういうときに独立を敢行しても、失敗する可能性が大きいといえます。

人生をかけた挑戦のとき、不足の要素があるなら、もう一度考えてみましょう。「開花の時季は必ず巡ってくる」と言い聞かせ、それまでは、旬の野菜や果物と同様、〝人生が美味しくなる〟ように我慢、精進を重ねることが必要です。

イランのことば

パンはカマの熱いうちに焼け。

行動するなら、情熱のあるうちに行え

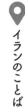

カマが熱いうちにパンを焼けば、ふっくらと美味しく焼きあがります。しかし、カマの温度が下がってしまってから焼いたのでは、パンは美味しく焼きあがりません。

つまり、パンの焼き加減を引き合いに出すことで、「何事も情熱のあるうちに行うことが大事であって、好機を逃してはならない」ということを表しているのです。

「マイホーム購入」のチャンスを望んでいる人がいい例です。「一切の協力を惜しまない」「いつでもあなたを援助するよ」と言ってくれる人がたくさんいるにもかかわらず、リスクを恐れるあまり、ためらっていたら、熱がさめてせっかくの好機を逃してしまうことになります。

「イタリアへ旅行に行きたい」と願っている人も同じで、情熱とお金と時間の余裕があるときに行かなければ、今度はいつ行けるかわかりません。

したがって、「今がチャンスかもしれない」「この好機を逃したら、次はいつ巡ってくるかわからない」と思ったら、熱がさめないうちにためらうことなく前に進みたいものです。

イタリアのことば

風の三月と雨の四月が五月を美しいものにする。

最初がつらいからこそ、後々、楽になる

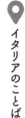

イタリアの南部は、三月には強風が吹き荒れ、四月になると雨がたくさん降ります。しかし、五月に入ると一転し、晴天に恵まれ、花々が咲き乱れ、絶好の観光日和となります。このことばは、イタリアの風土を人生になぞらえたもので、「最初のうちにつらい思いをしたほうが、後々、人生にとってプラスになる」というメッセージが込められています。

現代社会に生きるわれわれにも、こんな状況はよくあることでしょう。育児一つとっても、最初からうまく子どもを育てられる人などそうそういません。何度も何度も失敗を繰り返し、なかなか思いどおりにいかなくて挫折感を味わいながら、育児のコツをつかんでいきます。

日本にも『冬来たりなば春遠からじ』ということばがあります。たとえ今が苦しいとき（＝冬）であっても、いつまでも続くわけではありません。希望に満ちた未来（＝春）がその先に待っています。

あなたの人生が思いどおりにいっていなくても、腐ってはいけません。今は「風の三月」「雨の四月」なのです。もうすぐ訪れるであろう「五月の青空」に期待を寄せるようにしましょう。

マルタのことば

果実は熟したら
切り取らないと台無しになる。
人間も例外ではない。

会社にぶらさがり、自分の才能を殺すな

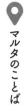

食べごろの熟した果実を、「もう少し待てば、まだ美味しく実りそうだ」ともったいぶって木の枝から切り取らないでいると、そのうちに熟し過ぎて腐り果ててしまい、食べられなくなってしまいます。果実には、そのときしか美味しく食べられない、という旬の季節があるのです。

果実の旬は、人間にも当てはまるでしょう。根拠なく何かに依存して、いつまでもそこにぶらさがっていると、熟し過ぎた果実のように、人生が台無しになってしまいます。したがって、仕事一つとっても、ある程度の知識、ノウハウ、技術をマスターしたら、それを生かす方法を考えることが重要なのです。

例えば、企画部で数年間苦労してクリエイティブなセンスを養ってきたのに「いざこれから！」というタイミングで経理部に異動してしまったら、せっかく培った才能を生かせないまま、旬の時期を終えてしまうことになります。そうならないように、一企業で定年まで働くという概念を変えましょう。会社にいつまでもぶらさがり、才能が開花する季節を逃してはもったいないと思います。才能のある人は自分の才能を生かせる場所を探して、転職や独立を視野に入れた人生プランを掲げるのも、人生に果実を実らせる一つの方法だと思います。

ギリシャのことば

幾何学には王道なし。

エキスパートを目指すなら、地道な努力をいとわない

紀元前三世紀頃に活躍した、古代ギリシャ出身の数学者ユークリッドは、その才能を認められてエジプトの王様に仕えていました。彼から幾何学を学んでいた王様が「幾何学は難解過ぎる。もっと簡単に学べる方法はないものか」と尋ねたところ、ユークリッドが〝王道なし〟と返答したことが伝えられています。

学問を習得するのに、王様だからといって安易な方法や楽な道はありません。エキスパートになるためには地道な努力が必要なのです。もちろん、エジプトの王様についてだけではなく、過去・現在・未来、すべての人間について、同じ法則が適用されることでしょう。

ところが、現代人の多くは王道や近道ばかり追い求めている気がしてなりません。英会話の教材にしても、「聞いているだけで、ヒアリングがマスターできる」という宣伝に魅了されて飛びつく人がいますが、それだけで英語のヒアリングができるなら誰も苦労はしません。聞くといっても、雑念を払って「集中して繰り返し聞き込む」という地道な努力が必要なのです。逆に言えば、ユークリッドのような学者や研究者、いわゆるエキスパートと呼ばれる人々は、地道な努力を他人よりも長く続けただけで、生まれつき天才なんかほとんどいないのです。

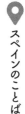

祭りが来る前に祝い休みをしてはならない。

最後の最後まで手を抜かない

スペインでは一年中さまざまなお祭りが行われています。有名なものでは、バレンシアの火祭り、セビリアの春祭り、夏の牛追い祭り、トマト祭りなどがあり、スペイン人は根っからのお祭り好きな国民なのでしょう。

それだけに、「もうすぐ楽しいお祭りだ！」と浮かれ、お酒を飲んでハメをはずすと、体をこわして寝込んでしまうようなことになりかねません。待ちに待ったお祭りが来ても楽しむことはできません。楽しみが台無しになってしまいます。

スペイン人が大好きなお祭りを題材にしたこの格言は、「何かを成し遂げるためには、ゴールが見えてきても、調子に乗ってふざけてはいけない」「最後の最後まで手を抜いてはいけない」ということを暗示しています。

旅行に行く前に、ついつい調子に乗って暴飲暴食をしてお腹をこわしてしまい、旅行に行けなくなる人もいます。何とか旅行に行けたとしても、お腹の調子が悪ければ、せっかくのバカンスが台無しです。

ゴールが見えてきたときこそ、気を引き締めないといけません。手を抜くことなく、最後の最後まで慎重に行動するべきでしょう。

ロシアのことば

やせたがる女性ほどピロシキをたくさん食べたがる。

輝かしい成果を得るには相応の代償が必要

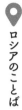

「やせてスマートになって、男性からモテたい」

そう願っても、目の前の美味しいピロシキ（ロシアの揚げパン）に誘惑されてしまう女性は少なくないでしょう。誘惑に負けてたくさん食べてしまったら、ただでさえ油を含んだ高カロリーのパンだけに、カロリーの摂り過ぎになってしまい、「スマートになりたい」という願望をかなえることはできなくなります。

すなわち、このことばは「願望をかなえるためには、それを阻もうとする欲望に打ち勝たなければならない」ということを教えてくれています。

もしも公務員の資格を取りたければ、遊びを控えて、その時間を勉強に当てなくてはなりません。フランスへ旅行に行きたければ、今買いたいモノ、食べたいモノを我慢して、旅費を貯めなくてはなりません。

願望をかなえるためには代償がつきものなのです。願望の難易度に合わせて、それ相応の自己犠牲を払わなくてはなりません。それを阻もうとする誘惑を振り払い、欲求を克服してこそ、実現する可能性、ゴールへの道筋が見えてくるようになるのです。このことを肝に銘じておきましょう。

まだある!

「前向きに行動する」世界のことば集

他の道は、この道よりも、もっと危険。

西洋のことば

ある旅人が石で転んでケガをしたので「この道は危険」と別の道へ進むと、ぬかるみで滑って腰を打ちました。また別の道へ進むと、今度は山賊に襲われてしまい身ぐるみをはがされてしまった、という逸話から生まれたことばです。困難や逆境というものは逃げるほど後を追いかけてくるので、腹をすえて立ち向かうべき、と教えてくれています。

幸運は汝を訪れず、汝の訪れを待つ。

イギリスのことば

願いをかなえるためには、「そのうちチャンス（幸運）が到来するだろう」と構えていてはいけません。「こちらからチャンスを作り出していこう。そのためには、どうしたら良いか」を考えることが大切で、幸運の女神はそういう前向きの人だけを待っていて、そして、微笑んでくれるのです。

悪魔のことを話してみよ。必ず悪魔が現れる。

フランスのことば

中世ヨーロッパの人々は悪魔が実在すると信じ、「悪魔が来たらどうしよう」と思っていると、本当に悪魔が来て呪い殺されると恐れていました。つまり、「恐れるものは現れる」という意味です。マイナスの感情はマイナスの現象を呼びますから、明るい未来を想像してプラスの現象を引き寄せましょう。

あなたの背後にある橋を焼け。

西洋のことば

『背水の陣』と同じで、絶体絶命の状況でも、全力を尽くせば何とか活路が見出せる、という教えです。敵に川岸へ追い込まれても、逃げ道の橋を燃やして死に物狂いで立ち向かえば、案外打ち負かせる。大変勇気のいる行動ですが、大きな災いを福に転じさせたければ、ときには必要かもしれません。

第4章

ココロを磨き、人格を高める

世の中には、
いろいろな考え方があります。
賛同できるものも、
賛同できないものもあるでしょう。
そこで一番大事なのは、
自分自身がしっかり考えて、
他人に惑わされないことです。
まずは内面を磨いていきましょう。

中国のことば

燕雀《えんじゃく》、いずくんぞ鴻鵠《こうこく》の志を知らんや。

他人に惑わされず、自分を信じていこう

このことばは、中国の秦《しん》王朝（紀元前二二一～紀元前二〇六年）打倒に貢献した陳勝（後の楚王）が口にした言葉が由来になっています。

「燕雀」の燕とは「ツバメ」のこと、雀とは「スズメ」のこと、そして「鴻鵠」とは大きな鳥のことを意味しています。わかりやすく言うと、「ツバメやスズメのような小鳥には大きな鳥の志がわからないのと同じように、小人物には大人物の遠大な志は理解できない。だから、小人物の言動に惑わされてはならない」ということを表しています。

器の小さな人に限って、他人の夢や願望を否定したり非難したりします。そして、「キミには無理だ」「難しいと思うよ」「大変だよ」といったことばを口にすることが多々あります。もちろん、それは相手のことを思いやっているだけではありません。相手がもつ夢、願望に嫉妬している場合もあります。足を引っ張ろうとしていることもあります。

そういうマイナスのことばを口にする人がいても、惑わされてはいけません。「小人物には自分の夢、願望の素晴らしさなどわかりっこない」と、相手にしないことです。夢をもつならば、初志貫徹の精神を貫くことが大切です。

ドイツのことば

本当の雌鶏《めんどり》は
卵を産んでから鳴く。

最後まで気を抜かず、慎重に

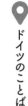

卵を産まないニワトリは、いつも自慢げに「コケコッコー」と鳴いてばかりいます。一方、良質の卵を産むニワトリはふだんあまり鳴かないのに、卵を産んだときだけ、自慢げに大きな声を出して鳴くというエピソードがあります。つまり、「ゴールが見えてきても、まだ確実に到達していない以上、周囲に自慢してはならない。最後の最後まで気を抜くな」という戒めなのです。

なるほど、勝利を目指して、頑張って駆け進んできたのに、もし、ゴール直前でつまずいてしまったら、そのときの落胆と失望はものすごく大きいことでしょう。周囲の人たちにも顔向けができなくなりますし、「あいつは見かけ倒しだな」と失笑を買うことにもなりかねません。

物事が順調にいっているときこそ、慎重さを忘れてはいけません。浮かれることなく、周囲に自慢することなく、そして細心の注意を払いながら、最後の最後まで物事を押し進めていくことが大切です。

ちなみに、中国にも『九仞《きゅうじん》の功を一簣《いっき》に虧《か》く』という同じ意味のことばがあります。高い山を築くのに最後の一杯の土が足りないために完成しない、という意味で、長年の努力も最後の手抜きで台無しになる、ということです。

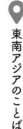

腹をすかせたヘビはカエルしか狙わない。

あれもこれもでは、結局どの願いもかなわない

東南アジアの湖沼地帯には、たくさんのヘビが生息しています。そのヘビは獲物を捕るとき、カエルと決めたら、そのことだけに集中し、他の小動物が現れても見向きもしません。「やっぱりリスにしようかな。それとも、あそこにいるネズミにしようかな……」と迷っていたら、その隙にカエルが逃げてしまう可能性があるからです。

『二兎を追うものは一兎をも得ず』という日本のことばと同様に、「同時に二つのことをしようとすると、どちらも成功する確率が低くなってしまう」という真理を、このことばは表現しています。

人の願望にも、この真理は当てはまります。例えば、「結婚相手を見つけたい」「カナダに旅行に行きたい」「車も欲しい」と同時に願っていては、エネルギーが分散してしまい、一つの願望に集中できなくなってしまいます。

複数の願望がある人は、「これだけは絶対にかなえたい！」という一つに絞り込んで、そのことだけに意識を集中させましょう。他の願望を達成するのは、最優先の願望がかなってからでも遅くはないのです。

マレーシアのことば

良い種ならば、
たとえ
大洋の**砂浜**に**落**ちようとも、
そこに**島ができる。**

人格者と呼ばれる人の周りには、自ずと人が集まる

南国の海の浅瀬に行くと、広大な砂浜にヤシの木が生えているところがあります。海水が浸透した砂浜は植物の生育には劣悪な環境なのに、何年も前に流れ着いたヤシの種が発芽し、大きくなったためです。しかし一番のポイントは、すべてのヤシの種が育つわけではなく、木に育つのは良質の種に限られている点です。

このような現象は、人間の社会にもあります。ヤシの種を人、砂浜を社会に置き換えてみましょう。人格者と呼ばれる人は、どんな環境にあっても、立派に生きていくことができるのです。

〝良質な種〟である人は勤めていた会社が倒産しても、すぐに新しい就職先が見つかり、そこで誰とでもうまくやっていけます。上司のウケも良く、すぐに取り立てられるでしょう。起業などをした場合も同じで、大勢の人の応援や協力が得られるため、事業を順調に発展させていくことができます。どんな仕事についても、どんな環境にあっても、人生がうまく回転していくのです。

成功を目指すのであれば、社会のなかで〝どの砂浜〟を目指すかではなく、人格を高めて〝どんな良い種〟になるべきかを、追い求めていくと良いと思います。

アラブのことば

眠った者は
徹夜した者のことを知らない。

快適な生活ができるのは、誰のおかげか？

アラブ世界に伝わる逸話が由来となったことばです。

昔、一人のお金持ちが愛妻を連れて、旅行に出かけました。すると、宿泊地で働いていた使用人たちが、みんな眠そうな顔をしていることに気がつきました。「これから働くというときに、なぜ眠そうなのか？」とお金持ちが理由を尋ねると、彼らは答えました。「あなた方ご夫妻が快適にバカンスを楽しめるように、何日も徹夜で宿泊施設の改修を行ったからです」と。

このお金持ち夫妻のように、恵まれた環境にいる人間は、自分のこと以外には気がまわらなくなるものです。自分が眠っている間に、影で支えてくれている他人の苦労がわからなくなってしまうのです。

例えば、真夜中にお腹が空いても、コンビニで働く人のおかげで、おにぎりが買えるのです。または夜間にトラックでおにぎりを運搬する人、汗だくになってトラックが通る道路を工事する人、などが限りなくいます。その人たちのおかげで、私たちは快適で恵まれた生活ができる。そのことを忘れたくないものです。

実は、このアラブの逸話には続きがあります。使用人の話を聞いたお金持ちは大いに感動し、彼らにたくさんのご褒美をあげたのです。

イギリスのことば

信頼は黄金に勝る。

「この人なら安心」と思われるようになる

結論から言うと「信頼は、お金（黄金）に替えることができないほど、尊いものである」ということを説いた格言です。

そして、人格者と呼ばれる人は必ずと言っていいほど、この〝信頼〟を、寄せられているものなのです。

信頼される人は、絶対に他人の秘密を口外したりはしません。一度、口にしたことは必ず実行に移します。約束したことは、必ず守ります。ウソをつくこともなく、いい加減なことは口にしません。ですから、そばにいる人は安心し、心を開くようになります。応援したくもなるし、協力したくもなります。

その観点からいえば、人格を高めるためには、難しい勉強をするとか、特別な修行などを積む必要はないのです。他人からの〝信頼〟という、黄金よりも大事なものを得るのが一番の近道なのです。

「この人は口が堅いから、安心して秘密を打ち明けることができる」

「責任感があるから、安心して仕事が任せられる」

相手にこう思われるようになった時点で、その人は人格者の仲間入りを果たしたことになったと言えるでしょう。

中東のことば

誰も自分のヨーグルトが酸《す》っぱいとは言わない。

自分を棚上げして、他人の欠点ばかり非難するなかれヨーグルトは、トルコや中東のあたりで何千年も前に誕生したとされていて、中東で暮らす人たちは現在でもヨーグルトを好んで食べています。日本人にとっての納豆のように、ヨーグルトは古くから親しみのある日常食なのです。

そのため、地域によっては美味しいヨーグルト作りに専念する人たちもいて、誰のヨーグルトが一番美味しいかを競い合う村があったりもします。しかし、競い合う際に、自分の作ったヨーグルトの味には言及しないで、「あなたの作ったヨーグルトは酸っぱ過ぎる」と、他人のヨーグルトの味ばかりけなす人がいるそうです。

人間は「自分の短所は差し置いて、他人の短所を非難したがる」習性がありますので、このような光景は、中東だけでなく、日本でも頻繁に見られます。ズボラな性格の人に限って、友人を「あいつはいい加減な奴だ」と批評したり、自分だって短気なのにそのことは棚に上げて「あの人はすぐに怒る」と相手を一方的に非難したり……。このような人が世の中にはかなりいるようです。

他人の欠点を指摘する前に、まずは自分の欠点を自覚しましょう。自画自賛する心を捨て、自分を客観的に見つめられる人間になることが大切です。

西洋のことば

人格のある人のことばは布団《ふとん》のようなものである。

少しクセのある表現ですので、例をあげて解説します。

人格者が人に何かをお願いするときや、ネガティブな返答をしなければならないときに、どのようなことばを発するか想像してみてください。彼らは、けっしてストレートな表現を使わないで、「すみませんが……」「申し訳ございませんが……」「お手数をおかけしますが……」といったクッションとなることばを、必ずといっていいほど会話の前後に用いているのです。

つまり、ここで言う「布団」とはクッションことばのことを指します。

実際、忙しく仕事をしているとき、上司から「お客さんが見えられたから、応接室にお茶を持ってきてくれ」と言われるよりも、その前後に「忙しいところ、すまないが……」というクッションことばをつけ加えてくれたほうが、言われるほうだって、何となく気持ちが和むものです。

それならば、通常の会話に、積極的にクッションことばを盛り込みましょう。布団のようなやわらかいことばを媒体にして、相手に思いやりの気持ちを自然と伝えられれば、人間関係もさらに良くなるでしょう。

西洋のことば

賢者ほど上手に**愚者を演ずる**ことができる者は**いない。**

あえて相手よりも劣ったふりをする

私たち人間は誰しも「他人よりも優れていたい」という欲求を抱いています。その欲求を満たしてくれる者に対して、人は好意を寄せるのです。そのための一つの方法として「こちらが下手《したて》に出ることで、劣ったふりをしたほうが良い場合もある」ということを、このことばは表現しています。

これを体現したのが、内閣総理大臣だった田中角栄です。彼は家柄などの後押しもなく、一代で内閣総理大臣にまで上り詰めた立志伝中の人物として、現在でも地元では大変な人気を博しています。その彼が地元・新潟で有力な後援者と会食したときのことです。彼は地元の民謡をわざと下手に歌い、「私はうまく歌えません。あなたが歌い直してください」と言って、マイクを後援者に手渡しました。実は、彼も本当はうまく歌えたのですが、「この民謡は後援者の十八番だから、その人に歌ってもらうことで優越感に浸ってもらおう」という心配りをしたのです。

この人間社会には「自尊心や優越感を高めてくれる人には好意を寄せる」という見えざる法則が存在します。この法則を有効に活用するためには、ときには思い切り愚者を演じると良いでしょう。賢者であれば、それができるのです。

フィリピンのことば

水の静かな川は深い。
水のうるさい川は浅い。

能ある鷹はツメを隠す

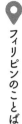

水位の深い川は、なみなみと水を含んでいるため、川底に岩や石があっても、ぶつかる音を出すこともなく悠々《ゆうゆう》と流れています。これに対し、水位の浅い川は、水が川底にある岩や石にぶつかるため、ザワザワという音がします。

このことばは川の水位を人間としての奥深さ、つまり〝人格〟に例えることで、「実力や才能のある人はそれをひけらかしたりしないが、そうでない人は自慢話や都合のいい話ばかりをして、それをひけらかそうとする」ということを表しています。

もし、生け花や書道などといった趣味の世界で表彰されたとしたら、前者の人は「運が良かっただけだよ」などと『能ある鷹はツメを隠す』言動をとりますが、後者の人はここぞとばかりに得意げに自慢話を口にするでしょう。

私たちの周りにこういう二つのタイプの友人がいたとしたら、どちらに人格者としてのオーラを感じるかは言うまでもありません。もちろん「運が良かっただけ」と、実力を控えめに話す人でしょう。

西洋のことば

施《ほどこ》しは深夜に行え。

良いことがたくさん起こる「陰徳のすすめ」

この宇宙には、善なる行為をすれば、相手にだけではなく、いつか自分のもとへ恩恵となって跳ね返ってくるという法則が存在します。そして、その恩恵の量は、場合によっては与えた量の何倍にもなることがあります。

このことばは端的に、陰徳、つまり人に知られないで善行を果たすことが重要だ、と伝えているのです。深夜の、誰も見ていない場所で善なる行為を行うことが、自分のためになるのだ、ということです。

そのためには、人の見ていないところで道に落ちているゴミを拾う、早朝に家の前の道路を掃除する、災害で苦しんでいる人に義捐《ぎえん》金を送るなど、いろいろな方法があります。こういったことを一つの習慣にしてしまうと、次第に下心がなくなってくるもので、自然と無私の精神でいられるようになります。

そうなると、良いことがたくさん起こると同時に、人としてもスケールの大きい人物に成長を遂げることが可能になるのです。

マレーシアのことば

水は
どれだけ砕いても
壊れることはない。

トラブルにもうろたえない不動心を養う

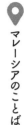

槍で突き刺そうとも、剣で切り刻もうとも、水はけっして形を崩すことはありません。傷つくこともなければ、瞬時に元の形に戻ります。

そんな水の特性を「人としての理想的な心のあり方」に置き換えたのがこの格言で、「不動心を養うこと」の大切さを語っています。

そして、私たちの人格や人望というものは、この不動心があるかないかで評価されるといってもいいでしょう。トラブルやアクシデントに遭遇したときに、「どうしよう」「誰か助けてくれないかな……」とうろたえる彼氏の姿を目の当たりにすれば、一緒にいる彼女だって不安になります。

しかし、そういった不安な言葉をおくびにも出さず、落ち着いた表情で、なおかつ迅速に問題解決に当たっている彼氏の姿を目の当たりにすれば、彼女だって安心します。

人生にトラブルやアクシデントはつきもので、誰も避けては通れません。しかし、乗り越えられない障害もまたありませんから、〝水〟の特性のように、多少のことでは動じない心、うろたえない心を養うことが大切です。その不動心を得た姿が、人望をさらに高めていくのです。

イギリスのことば

偉人は賤《せん》の伏屋《ふしや》から出る。

悪条件や逆境は人生の栄養分にする

「賤」とは貧しいこと、「伏屋」とはボロ屋という意味です。要約すると、「偉人と呼ばれるような立派な人は、貧しい家に生まれ、苦しみながら成長していく」という意味です。

鉄鋼王と呼ばれたアメリカの大富豪アンドリュー・カーネギーも、パナソニックの創業者である松下幸之助も、貧しい家に生まれ、若いころは恵まれない環境にありました。しかし二人に共通して言えるのは、逆境をはねのけるようなハングリー精神に満ちていたことです。そして多くの悪条件や逆境と闘うことで、自らの商才を磨いていったということです。

もしも、彼らが裕福な家庭に生まれていたら、どうだったでしょうか。安楽な人生を送ることに満足し、ファイトを奮い起こすこともなく、後世にその名を残すことはなかったかもしれません。

今、逆境のさなかにいる人は、「多くの悪条件と逆境は、自分という人間を飛躍的に成長させてくれる栄養剤となる」と考えることです。そうして蓄えた貴重な経験が、人格を高め、成功を勝ち取るパワーとなります。

困難こそが、それを跳ねのける大きな原動力になると思います。

イギリスのことば

アレキサンダー大王も一度は赤ん坊だった。

人生の差は心がけと努力で決まる

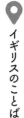

ペルシア王国やエジプトを征服した古代の英雄アレキサンダー大王も、生まれてきたときは、「オギャーオギャー」と産声をあげ、どこにでもいる他の赤ん坊と変わらない姿と様子でした。特別に頭が良かったわけでもなければ、ずば抜けた才能を赤ん坊のときに表したわけでもありません。

つまり、このことばは偉人も凡人も生まれてきたときは同じだが、その後の人生での心がけや努力次第で、時間を経るほど大きな差がつくということを、教えてくれているのです。

ですから、「お金がない」、「学歴がない」、「自分にはハンディがある」という理由で、〝願望がかなわない〟と嘆くことなどないのです。そんな暇があったら、このことばを思い出して、「生まれたときは、誰だってスタートラインは同じだ。その後の心がけや努力で、大きな夢をかなえることができるし、人生はいくらでも自分が望む方向に発展させていくことができる」と、前向きに考えましょう。環境のせいにせず、内面を磨くのです。

自分には無限の可能性があることを信じて！

ドイツのことば

上質のワインは広告を必要としない。

人格者は、プラスの連鎖を生みだす

これはワインに限ったことではありません。リーズナブルで美味しい飲食店は宣伝しなくても、口コミでたくさんのお客さんがやってきます。まれにみる傑作であれば、本は新聞広告を出さなくても、どんどん売れます。

世の中のさまざまなことに適用できることですから、人間も例外ではありません。「人間も、上質なワインと同じ。人格者と呼ばれる人は、存在感をいちいちアピール（広告宣伝）しなくとも、誰からも好かれ、その人のそばに大勢の人が集まってくる」と言えるのです。

そのような人格者は、いつも相手を立て、認めようとします。相手の立場で物事を考えようとします。相手に尽くし、喜びを与えようとします。すると、相手だって感謝し、「この人にずっとついていこう」「この人を応援しよう」と考えます。そして、その人の良さや素晴らしさを他の人にも伝えようとします。すると、さらに大勢の人が、その人のそばに集まってくるようになります。

こんなプラスの連鎖反応を起こしたければ、できる範囲、可能な範囲でかまわないので、あなたの言動で誰かを幸せにすることです。それが人格者への第一歩となります。

北欧のことば

水っぽいビールでも、空っぽのジョッキよりはまし。

自分より境遇の悪い人だっているのだから、不満は言わない

北欧で暮らしている人たちは、ビール好きが多いようです。ビールといってもさまざまで、コクがあって美味しいビールもあれば、薄味で水っぽいビールだってあります。仕事をやり終えたときなどは、やはり美味しいビールを口にしたいと思うのが人間の常です。ただ、場合によっては、あまり美味しくない水っぽいビールしか飲めないときだってあります。

しかし、北欧に住む彼らは、そのことで不満を口にすることはありません。「世の中にはお金がなくて、ビールが飲めない人だってたくさんいる。そう考えると、飲めるだけありがたい」と思っているのです。

北欧のことばから学ぶべきは、「世の中には自分よりも境遇の悪い人がたくさんいる。その人たちと見比べれば、自分の境遇がありがたく思えてくる」という寛容な心構えでしょう。自分の不遇を嘆《なげ》かず他人を思いやるというのは、しようと思ってもなかなか実践できない気高いことです。

私たちも「給料が安い」などと不満を感じても、このことばを思い出し、仕事がない人に比べたら、定期的に収入が入るだけでもありがたいと自分に言い聞かせましょう。

カンボジアのことば

人はことば、象は牙。

人間の品格は、その人が口にすることばで評価される

カンボジアの主要な観光地には、象に乗って仏教寺院を巡るサービスがあります。中国のパンダのように、象はカンボジアの代表的な動物です。もちろん人々の象を見る目も肥えていて、現地では、象の良し悪しは「牙がどれだけ立派かどうかで決まる」とされています。

この格言は、いたってシンプルです。象の牙と同じで、人間の品格というものは、その人が口にする〝ことば〟で決まる、というわけです。

確かにそのとおりで、人格者と呼ばれる人は、そうでない人に比べると、ことばづかいが実にていねいです。相手を見下したり、バカにしたり、上から目線で発言をしたりすることもまずありません。

また、「疲れた」「つまらない」「できない」といったマイナスの表現を口にすることもほとんどなく、いつも「元気です」「毎日が楽しい」「できます」といったプラスの表現を多く口にします。

ですから、周りにいる人の心だって和み、明るく、元気に、ポジティブになります。「あの人は人格者だ」「品格がある」と思われたければ、こういった些細なことから一つずつ自分を磨いていくことです。

アフリカのことば

魚とりは溺れて死ぬ。

初心、忘れるべからず

このことばを、『河童の川流れ』や『サルも木から落ちる』という日本のことば同様、「その道の名人、達人と呼ばれる人でもときには失敗することもある」と解釈する人もいます。しかし、このアフリカのことばには、楽観的な意味は含まれていません。さらに一段奥へ進んだ、戒めが含まれているのです。

魚とりの名人であっても、水中に潜ることに慣れてしまうと、ついつい油断してしまいます。そして、思わぬアクシデントによって溺れ死んでしまう可能性があるのです。名人になればなるほど、初歩的なミスをするなど思いもよらないことですから、一つ間違えると致命傷になり得ます。つまり、いかなるときも「初心を忘れるな」という普遍的なメッセージを投げかけているのです。

私たちも、仕事や結婚生活に慣れてしまうと、初心を忘れてしまいがちです。油断してしまい、本来やらなくてもいいミスをするなどして、人間関係を悪化させてしまい、後悔の念にかられることも少なくありません。会社員であれば入社したてのころ、夫婦であれば結婚したばかりの自分を思い出してみてください。毎日行う当たり前のことでも、改めてていねいに行い、気を引き締めて取り組んでみましょう。

西洋のことば

人の背中でぶどう作り。

一人だけ楽しようとする心は捨てよう

昔、ある国に、村人を自分の手足同様にこき使い、ぶどうを作らせている地主がいました。地主は、実ったぶどうを村人には一つも分け与えることなく、全部、自分が一人占めしていました。ところが、あるとき天罰が下ります。ぶどう畑が火事になり、ぶどうが作れなくなってしまったのです。

この逸話から生まれたことばで、簡単に言えば、「他人をいいように利用し、自分だけ楽をして、甘い汁をすすろうとすると、大きなしっぺ返しを食らうことになる」と説いているのです。

現代のビジネスシーンも例外ではなく、部下や後輩に仕事を押しつけ、自分一人が楽をし、手柄を横取りしてしまう人が少なくありません。しかし、そんなことをしていたら、ぶどう畑の地主のように、いつか天罰が下ってしまいます。

一人楽をする心を捨て、みんなで苦労を分かち合い、協力してくれた人にはそれ相応の恩で報いるようにすることが大切です。

中国のことば

水を飲んで井戸を掘った人を忘れず。

日常のあらゆる場面に感謝する

昔、ある賢者が旅をしている最中のことです。とても喉が渇いたので、近くで見つけた集落に立ち寄り、村人に一杯の水を求めました。

村人が井戸から水をくみ上げ、それを賢者に差し出したところ、賢者は何度も何度も手を合わせてから、それを飲み干しました。

「この井戸を掘った人は、大変な思いをして掘ったに違いない。もし、その人がいなかったら、今、自分はこうして一杯の水を飲むこともかなわなかった」

賢者の胸のうちには、このような感謝の気持ちがあったのです。

この故事は、日常のありとあらゆる場面に対して、また過去に携わってきた人々に対して、感謝することの大切さを教え示しています。

現代においても「毎日、電車に乗れるのは誰のおかげか？」「携帯電話が自由に使えるのは誰のおかげか？」といったことを改めて見つめ直し、そのために昼夜を問わず尽力してくれている人たちに感謝の念を捧げると良いでしょう。

そして、いつ、いかなるときも、感謝の気持ちをもち続けることが、自分のことばや態度、すなわち人格にも現れることを忘れないようにしましょう。

まだある！

「人格を高める」世界のことば集

酒屋で水を飲んでも世間は酒と見る。

インドのことば

ある修行中の僧侶が、喉が渇いたので、酒屋で一杯の水を飲ませてもらいました。しかし、その光景を目撃され、「修行中の身で、隠れてお酒を飲むけしからん奴だ」と噂されるようになりました。僧侶を例えにした戒めで、「悪しき者や場所とは交わらず、誤解される行動はとらないほうが良い」という意味なのです。

韓信《かんしん》の股くぐり。

中国のことば

武芸に秀でた武将・韓信《かんしん》が、町でチンピラに因縁をつけられ、「オレの股をくぐったら許してやる」と言われ黙ってそのとおりにしました。韓信には、宿敵国を打ち倒すという壮大な野望があったので、チンピラ相手に無駄な労力は使わなかったのです。そして後年､野望を実現させました。志の高い者は、小事を争わないのです。

賢い人は冬の間に農具の手入れをする。

西洋のことば

冬になると農民は畑仕事ができません。この間、遊びほうける愚か者と違い、賢い人は農具の手入れに余念がないのです。春になって畑を耕すとき、その差は歴然でしょう。「人生の不遇の時期は、来るべきチャンス到来に備えて、エネルギーを充電、強化しておくと良い」ということを表しています。

聞き手が悪口屋を作る。

フランスのことば

「悪口は、言う側も、聞く側も同罪」ということです。悪口が好きな人がいても、こちらが「聞きたくない」と態度で示せば、悪口は続けられません。そのように、悪口に耳を貸そうとしないのが人格者です。彼らは、話題を変え、その場をポジティブな空気に変えようともするでしょう。

第5章

相手を認め、良い人間関係をつくる

私たちの人生には、必ず、
人づき合いの悩みがあるものです。
でも、けっしてネガティブに
とらえてはいけません。
相手の気持ちを考えて、
誠実に対応していけば、
必ず良い関係になれるでしょう。

イギリスのことば

一枚の紙に神と悪魔。

どんな人にだって、長所と短所はあるものだ

イギリスの言い伝えに端を発することばです。

あるとき、母親がわが子の描いた絵を見てみると、なんと悪魔が描かれていました。背筋がゾッとした母親は、子どもが悪い人間になるのではないかと将来が心配になりました。ところが、紙をめくると、裏には神様の絵が描かれていたので、この子はやさしい人間になるに違いないと、ほっと胸をなでおろしたといいます。

紙と絵を、人間の性格になぞらえていることがおわかりでしょうか？　紙の片面に描かれた悪魔を人間の短所、もう片面に描かれた神様を人間の長所に例えていて、このことばは「どんな人間にも長所と短所がある」という深いテーマを内包しているのです。幼い子どもは、まだ善悪の区別が曖昧《あいまい》です。だからこそ、神様も悪魔も同じ人間のなかにある、というメッセージが際立っています。

大人の世界にも、この原理は応用できます。「あの人のここがイヤだ」と思っても、それはこのことばでいう悪魔の絵を見ているだけと考え、もう片面の神様の絵も見るようにしてみましょう。そうすれば、相手の長所がどんどん発見できて、円滑な人間関係をつくっていけるのではないでしょうか。

ロシアのことば

高級キャビアよりも、ほめことばのほうが美味しい。

お金のかからない「ほめことば」こそ最高の珍味

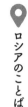

かの有名なキャビアとはチョウザメの卵の塩漬けのことで、フォアグラ（カモなどの肝臓）やトリュフ（キノコの一種）と並んで、世界三大珍味の一つです。その主な原産地はロシアで、ロシア人はキャビアが大好きです。キャビアを口にすれば、どんなに機嫌の悪い人でも途端に機嫌が良くなる、と例えられるほどの好物だそうです。そのロシアで生まれた格言で、国民みんなが大好きなキャビアよりも、もっと人の機嫌を良くしてくれるものこそ〝ほめことば〟だ、と言っているわけです。人間関係を良い方向に改善する方法として、ほめことばに勝るものはないのです。極端に言えば、キャビアよりも美味しいということです。

心理学的にも、ほめる行為は重要です。人はほめられると、「評価されたい」「尊敬されたい」「その場において重要な存在でありたい」という欲求が満たされるため、自尊心や優越感が高まるようになります。自分のやってきたことに自信がもてるようにもなります。充実感や満足感がこみあげてきます。そして、そういう気持ちにさせてくれた人に対して、否が応でも好感を抱くようになります。

しかも、キャビアと違って、ほめことばは一銭のお金もかからないことを考えると、これはもう惜しげもなく積極的に口にしたほうが得策なのです。

韓国のことば

行くことばが美しければ、
来ることばも美しい。

会話とは、山彦《やまびこ》のようなものである

「あなたの服装はセンスが悪いね」と言えば、相手はムッとし「いつも同じ服ばかり着ているあなたにだけは言われたくないよ」と、反撃のことばを返してくるでしょう。では、逆に、「今っぽくてシャレた服だね」と言ったとしてみてください。心ではどう思っていても、相手は微笑むでしょう。そして、「あなたこそすてきなスカーフをしているじゃない。その洋服、とても似合っているよ」と称賛のことばを返してくるような気がしますね。

会話というのは、登山中に「ヤッホー！」と叫ぶ、あの山彦《やまびこ》みたいなものと言えます。出した声が、同じような声で返ってくる現象と似ているのです。その人がマイナスのことばを投げかければ、相手もマイナスのことばを投げ返しますし、プラスのことばであれば、相手もプラスのことばで投げ返してくるものです。また、会話ということばのキャッチボールは、良好な人間関係を築くための土台です。そのときに、いやみっぽく、けなすことばを口にするのか。それともやさしく思いやりのあることばを口にするのか。もちろん後者を選択すべきです。間違っても、『売りことばに買いことば』とはならないように、肝に銘じましょう。

タイのことば

サルに手渡す宝物。

相手の嗜好に敏感になる

　このことばは、この後「金貨よりもバナナが良い」と続きます。そのため、一般的に『猫に小判』『ブタに真珠』と同列で解釈されがちです。

　しかし、「好物、嗜好というものは、人それぞれ違うので、そういったことに気を配らなくてはならない」ということが真意なのです。

　猿に金貨を渡しても喜んではくれません。バナナのほうがよっぽど嬉しがるでしょう。金貨を渡して喜ぶのは人間だけですから、猿に金貨を渡すような発想力ではいけません。相手のことをちゃんと考えて、彼や彼女が喜ぶ〝宝物〟を見極めることが大事だ、ということなのです。

　実際、お酒をたしなまない人に高級ワインをプレゼントしても、その人からすれば、かえってありがた迷惑になるだけです。ロックしか聴かない人にクラシック音楽のCDをあげても、その人は退屈するだけです。

　ですから、人に何かを贈るときは、相手の嗜好に敏感になって、「何が喜んでもらえるだろう」と、気を配りながら選ぶことが大切です。そうすれば、「この人は私のことを気にかけてくれている」と好印象を抱いてもらえるのです。

西洋のことば

汝《なんじ》に陰《かげ》を与えた木は切るな。

受けた恩を忘れてはいけない

昔、あるキコリ（樹木の伐採を仕事にする職人）が、一本の大木を斧で切り倒そうとしたところ、通りがかった別のキコリにこう言われました。

「あんたは暑い日になると、いつもこの大木の木陰《こかげ》で涼んでいる。そのおかげで快適な思いをしているはずだ。それなのに、この大木を切り倒すなんて、恩知らずもいいところだ」

この逸話が元となったことばで、「どんなに些細なことであっても、受けた恩は忘れてはならない」という教訓が含まれています。

私たちも同じで、つらい境遇から抜け出し、人生がうまくいくようになると、過去にお世話になった人や助けてくれた人のことを、つい忘れてしまいがちです。それどころか、連絡一つしないなど、その人をないがしろにしてしまうことさえあります。

きちんと人間関係を構築し、それをしっかり維持するためには、〝些細な恩も忘れない〟という気持ちをもち続けましょう。「自分が今こうしていられるのは、あの人たちのおかげだ」と再認識することが大切です。

アラブのことば

真理の矢を投げるなら、その先端を蜜に浸せ。

相手に忠告するときは、ポジティブな言い方で

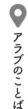

「真理」とは、〝本当のこと〟です。「矢を投げる」相手は、もちろん自分以外の人間のことです。ですから、このことばの前半は〝相手に本当のことを告げるなら〟という意味です。

しかし、〝本当のこと〟は、聞いて嬉しいことばかりではありません。むしろ、真実こそ残酷な現実だということは多いものです。それをストレートに表現してしまうと、言われたほうも傷ついてしまうでしょう。ですから、蜜のように甘くソフトな言葉で、真実をオブラートに包んだ言い方、表現の仕方を心がけなければいけないのです。

もし、あなたが友達のことを「あんなに太っていては、いつか生活習慣病になってしまうし、みっともない体型だから女性にモテないだろうな」と感じても、そのまま口にすれば、相手は深刻なまでに傷つくでしょう。しかし、「キミは元々男前だから、スリムになったらすごく異性にモテるんじゃないかなあ」という言い方をしたらどうでしょう。相手だって悪い気はしないはずです。人に何かを忠告するときは、長所を認めたうえで、ポジティブな言い方を心がけたいものです。

西洋のことば

過《あやま》つは人。許すは神。

相手のミスを慈悲深い心で許してあげる

人間は、誰だって過ちを犯すものです。自分が悪くなくても、他人の過ちで被害を受けることもあるでしょう。しかし、それをつくことに躍起になるのではなく、神様のような慈悲深い心で許すことが重要だ、とこのことばは簡潔に説いているのです。

このことばの基礎となった宗教観は、西洋の主流の宗教であるキリスト教です。その教義には〝神様は罪をお許しになる〟という考えが根底に流れているのです。神様が許してくれるのですから、人間が過ちを追及する必要はないではないか、と言っているようにも思えます。

もし仕事でミスをしたとき、たいていの人は「上司に迷惑をかけて申し訳ないことをした」「みんなに合わせる顔がない」「わたしはダメな人間だ」と負の感情に傾いてしまいます。そんなとき、周囲からもミスを責めたてられたら、さらに落ち込み、いっそう失望してしまうでしょう。

ミスをした人がいても、寛容な態度で「気にすることはないよ」「次回から気をつけようね」とやさしい言葉を投げかけてあげましょう。自然と人間関係がうまくいきます。

ギリシャのことば

靴屋よ、靴型にまで口を出すな。

必要以上のことを口にしてはならない

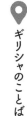

昔、ある町に一人の画家がいました。その画家は絵を仕上げると、それを街の人に見せ、感想を聞くのを楽しみにしていました。あるとき、靴の絵を描いて人々に見せたところ、一人の靴屋（靴職人）が「靴のボタンが少な過ぎる」と批判してきました。確かにボタンが少なかったので、画家は早速描き直しました。すると、靴屋は得意になって、今度は靴型にまで文句を言ってきたのです。さすがの画家も「文句ばかりつけるな！」と一喝しました。

このことから生まれたのがこのことばで、「調子に乗って言いたい放題のことを口にすると相手の心証を害するようになる」ということを表しています。

ある職場で、「この企画書、どう思うかな？」と同僚から意見を求められた人がいます。その人はつい得意になり調子に乗ってしまい、企画書の問題点を言いたい放題口にしてしまいました。しかし、そのせいで相手は不快な気分になり、「もう、あの人に意見を求めるのはやめよう」と、遠ざかってしまいました。

たとえそれが正しくても、必要以上に考えや意見を主張しないことです。

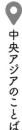

近くでは角《つの》の突き合い。遠くではモーモーと鳴き合う。

うんざりしたら、たまには相手と距離を置いてみる牛は近くに居合わせると、お互いの強さを誇示しようとして、ガツンガツンと激しく角の突き合いをします。しかし、遠く離れてしまうと、さみしさがそうさせるのか、モーモーと鳴いて互いを呼び合います。このことばは、このような牛の習性を例にあげて、人と人のつき合い方にまで言及しているのです。

特定の人といつも一緒にいると、いつの間にかお互いが少しわがままになってしまい、ケンカをする頻度も高くなります。そういうときは、ちょっとの間だけ距離を置いてつき合ってみるのが良いのです。

親しい友達や恋人などがこの話に当てはまるでしょう。数日、会わないでいると、相手のことがだんだんと気になってきます。恋人ならば相手が愛おしく思えてきます。ケンカした場合は、「非は自分にあったかもしれない」と反省の気持ちが芽生えてくるだろうし、別の人間と交流することで、あらためてケンカをした相手の素晴らしさが再認識できることもあるでしょう。

誰かとケンカをしたときは、しばらく相手と距離を置くことです。もし、自分から連絡をしようとしたちょうどそのときに相手から連絡が入ってくるような、お互いがモーモーと呼び合う関係であれば、二人の友情、二人の愛は本物です。

オーストリアのことば

クリスマスプレゼントよりも
記念日を祝したカード。

身近な人に気分が良くなる手紙やメールを送ろう

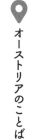

オーストリアのある地域では、誕生日やクリスマスをはじめ、ちょっとしたおめでたいことや何かの記念日があると、身近な人にお手製のカードを送る習慣があります。日本で例えれば、「結婚二〇周年記念、おめでとうございます」「ご長男の小学校入学、おめでとうございます」といったようにです。

こういうカードをもらうと、みんなハッピーな気分になり、「自分はいつも周りの人から気にかけてもらっている」「私たち家族はみんなから大切に思われている」という意識が高まります。この習慣は、義理でクリスマスプレゼントを贈るよりも、心のこもったカードを一枚送ったほうが人の心に響く、という人間関係の築き方を教えてくれています。

人は誰だって、「気にかけてもらいたい」「関心を持ってもらいたい」と願っています。その欲求を満たしてあげるには、心温まる手紙やメール、そしてときにはお手製のカードを送ると効果的です。ちょとした心づかいですが、相手は好感を抱くようになり、お互いの距離がグンと縮まることになるのです。

ドイツのことば

音楽を作るのは音。

私たちの生活は「人」なくして成り立たない

音楽を構成するのは、言うまでもなく「ド、レ、ミ、ファ……」という音で、それなくして音楽は生まれません。モーツァルトやベートーヴェンといった大作曲家でさえも、「ド」と「ラ」の音を使わないで音楽を作れといわれたら、大いに戸惑ったことでしょう。

このことばは音楽が〝音〟なくして成り立たないのと同じように、「私たちの生活も〝人〟なくしては成り立たない」ということを表しているのです。

操縦するパイロットがいなければ、私たちは飛行機で海外旅行に行くことはできません。農家の人がいなければ、お米や野菜だって、口にすることはできません。大工がいなければ、家を建てることもできません。どんなにお金があったとしてもです。

事業に必要な三大要素は、「人、モノ、金」などと言われますが、私たちはこの順番を履き違えることなく、いつも〝人〟を大事にするように心がけましょう。「自分は人によって生かされている」という謙虚な気持ちと、「この人たちのおかげで○○ができる」という感謝の気持ちを忘れたくないものです。

スペインのことば

ことばによる傷は一番治りにくい。

口から出た刃は、相手の心に深い禍根を残す

もし、自転車を運転中に倒れて膝をすりむいたとしても、数日から数週間もすれば治ってしまいます。もっと大ケガした場合であっても、少し時間は必要ですが、数週間から数カ月もすれば治ってしまいます。

ところが、ことばで受けた精神的な傷は、ずっと心に残ります。なかには、そのことを思い出しては、怒りを再燃させ、相手に対して憎悪の念を膨らませる人もいます。このことばは、そのことを示唆したものであり、「マイナスのことばは、相手の心に根深い傷を残すことがある」というわけです。

このことばの暗示するもっと恐ろしい事態は、そういったマイナスのことばを、私たちは無意識に、何気なく口に出してしまうことです。「えっ⁉　そんなことも知らないの？」「詰めが甘いなー」「意外と飲み込みが悪いね」といったようにです。自分では深い意味もなく発したことばでも、相手にとっては、一生治らない傷を心に与える刃物になる可能性があるのです。

でも、そんなことで恨まれ続けるというのも、少し悲しい話です。人と会話するときは、発することばに注意を払い、マイナスのことを口にしなければならない場合も、表現に工夫をこらしましょう。

フィリピンのことば

評価されたければ、
相手を評価することを考えよ。

自分がしてもらいたいことを、他人にもするフィリピンにはこれと似たようなことばが他にもたくさんあります。

『泣かされたくなければ、相手を泣かすな』

『与えてもらいたければ、相手に与えよ』

『けなされたくなければ、相手をけなすな』

これらの根底にある共通の考え方は、「自分がしてもらいたくないことを、他人にもするな。自分がしてもらいたいことを、他人にもしてあげるべき」ということです。

特に注目したいのが、この『評価されたければ～』です。評価というのは「こんなに頑張っているのに認めてもらえない」などと、自分本位になりがちなものです。ですから、「能力を認めてもらうには、まず相手の能力を認める」必要があります。

人間関係は〝鏡〟のようなもので、相手の態度は自分の態度次第で変わるようになります。自分の評価を高めるには、まず鏡の向こうにいる相手を評価することです。他人の「ここはすごい」「見習いたい」という点に着目し、それを口にすることから始めましょう。

イギリスのことば

譲歩はあらゆる闘争を終わらせる。

相手に譲ることは、自分の得へとつながる

人間が二人以上いれば、平穏なことばかりでなく、対立や争いが生まれることは必然です。そんなときに己の都合しか考えず利己的な振る舞いでいると、争いは終わりを迎えません。対立の構図ができたら、まずは我欲を捨て、相手に譲ることを考えましょう。すると、相手も我欲を捨てることに気づき、和解できた後には、良好な人間関係が築けるようになるのです。

ところが、人間関係でつまずく人は、「譲歩」の逆、つまり「対立」に目を向けてばかりいます。例えば、計画中の旅行プランを巡って、友人と意見が衝突したとします。自分のプランのほうが絶対に良いと思い込み、相手の意見に一切耳を貸すことなく、妥協案すら拒否する人や、たいしたことでもないのに、相手の非を見つけて一方的につつき、正論や正義を主張する人などがたまにいます。

しかし、それだと、相手の自尊心やプライドを傷つけることになるため、良い関係を築くことなどできません。意見が食い違ったときは、どこかで接点を見つけ出し、折り合いをつけることを考えましょう。相手が過ちを犯しても多少のことは大目に見て、闘争に持ち込むのは慎み、「譲歩」を優先させたほうが良いと思います。

ロシアのことば

病気をしたことのない奴とは友達になるな。

相手の立場になって想像力を働かせよ

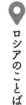

健康で病気知らずの人は、病気の苦しみやつらさといったものがわかりません。例えば、お腹をこわしたことがない人は、お腹をこわした人の大変さが理解できません。そのため、お腹をこわしている人と一緒に食事に行っても、消化の良い食べ物をオーダーするどころか、消化の悪い食べ物を平気でオーダーしようとします。

病気を例にすることで、「仕事が順調な人は、仕事がうまくいかない人や、失業した人の悩みがわからない。熱愛している人は、失恋して落ち込んでいる人の気持ちがわからない。そういう心の狭い人間とは、つき合わないほうが良い」ということを、このことばは表現しているのです。

言い換えると、「相手の立場になって物事を考えられるようになりなさい」と、共感能力を身につけることの大切さを訴えているのです。「こうされたら嬉しい」「こうしてもらえば助かる」と、相手の気持ちを自分自身に置き換えながら考えるクセを、日頃から身につけておきましょう。

ユダヤのことば

他人を幸福にするのは、香水をふりかけるようなものだ。

情けは人のためだけでなく、自分のためでもある

他人に香水をふりかけようとすると、自分にも数滴かかり、良い香りがします。

この格言は『情けは人のためならず』という日本のことばに似ていて、「喜びを与えたり、親切を施したりして、他人を幸福にすれば（＝香水をふりかければ）、その恩恵は自分にも跳ね返ってくる（＝良い香りがする）」という意味をもっています。

これは人間特有の〝心の法則〟が関係しています。人に良くすると、相手からも良くされます。つまり、相手にしたことは、ブーメランのように自分のもとへと戻ってくる仕組みになっているのです。

したがって、他人の幸せを願い、喜びを与えたり、親切にすれば、自分もまた他人から喜びを与えられたり、親切にされる可能性が高くなるのです。

だとしたら、この作用を生かさない手はありません。人から好かれるだけでなく、自分自身が幸福になるためにも、率先して相手をハッピーにすることを考えたいものです。

インドのことば

第一の矢は受けても、さらに怖い第二の矢は受けるな。

腹は立っても一瞬のこと。早めに忘れよ

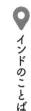

仏教の教えがルーツになったことばです。

第一の矢とは「腹を立てる原因となること」、第二の矢とはそれによって「拡大していくマイナスの感情」を指しています。ブッダ（仏教の始祖）は、この世に生を受けた以上、第一の矢は避けられないが、第二の矢は防げると弟子に教えたといわれます。腹の立つことがあっても、その出来事から広がっていくマイナスの感情はできるだけ抑えなければならない、と説いているのです。

例えば、道を歩いていたら、誰かと肩がぶつかったとします。これが第一の矢と考えると、確かに一瞬ムッとはしてしまいます。しかし、そのことでカッと頭に血が上ってしまい「どこを見て歩いているんだ」と怒鳴りつけようものなら、相手との間にいさかいが起きる可能性が生じてきます。これが第二の矢で、一歩間違えると、口論程度のことが乱闘騒ぎになり、ケガをする可能性も生じてきます。ですから、第一の矢よりも第二の矢のほうが怖いというのです。

腹が立ったときは、「自分は今、第一の矢を受けた。ここで暴言を吐いたり、逆上したりすると、第二の矢を受ける可能性がある」とまずはマイナス感情を抑えましょう。そして、なるべく早く、そのことを忘れることです。

西洋のことば

わが身にロウソクをたらして、熱さを知れ。

自分が望まないことは、他人にも望まない

昔、ある王国にいたずら好きの王子がいて、ロウソクをたらして虫を殺してばかりいました。ある日、父親である王様は、堪忍袋の緒が切れました。王子をこらしめるため、柱に縛り付け、王子の手にロウソクをたらして反省を促しました。あまりにも熱かったので、王子が泣き叫ぶと、王様はこう言って王子をいさめたのです。

「おまえにそうやって殺された虫たちが、どんなに熱く、苦しい思いをして死んでいったか、これでよくわかっただろう。自分がされて嫌だと思うことは、今後、一切慎むことだ」

日本にも『我が身をつねって人の痛さを知れ』という類似した表現があります。自分がされて不快になることは、他人にもしてはならない。自分が望まないことを、他人に望んではならない、という意味と同じです。

人間関係において不快なことに、「悪口をいわれること」「無視されること」「他の人と比較されること」などがあります。自分がやられて嫌なのですから、そういった行為を相手にしないようにすることが大切です。

ユダヤのことば

ニンニクは食べなければ臭《にお》わない。

嫌われたら、嫌われている理由を探し出せ

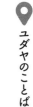

ニンニクを食べると、食べた人がたとえ息を押し殺していても、臭いが相手に伝わり、煙たがられることがあります。それを引き合いに出すことで、「他人から嫌われる人には嫌われるだけの何らかの理由がある」ということを表しています。

あるＩＴ企業の社長がまさにそうでした。その社長は若いころ、アメリカの大学に留学していたのですが、あるとき大学の同級生たちから嫌われ、一人だけ仲間はずれにされたことがありました。

その理由をいろいろ考えたところ、「日本の技術力は世界一だ」とか、「日本の医療は世界でもっとも優れている」とか、日本の自慢話ばかりしていたことに気づきました。他の国の留学生からすれば、それがおもしろくなかったのです。

そこで、自慢話を慎むようにしたところ、関係が次第に改善されていったというのです。もし同じようなことで悩んでいるなら、自分にとっての〝ニンニク〟の正体をつきとめましょう。

アメリカのことば

質問には良い質問と悪い質問がある。

会話が弾み、話が進展していくような質問を投げかける

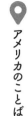

悪い質問をすると会話は弾みませんが、良い質問をすると会話が弾みます。話が進展していけば、その相手との関係は深まっていくのです。

交流を深めたい相手がいるとします。Aさんは「スポーツジムに通っているそうですね。運動して疲れませんか？」と、Bさんは「スポーツジムに通っているそうですね。そういえば、最近、やせて身体が引き締まってきましたね」と質問をしました。

Aさんの質問では、相手も「はい」「いいえ」という二者択一の答えで終わってしまう可能性が高いのです。当然、会話も弾みません。一方、Bさんのように聞けば、「そう見えますか！　おかげさまで中性脂肪もだいぶ減って、ウエストサイズも一回り小さくなり……」といったように、相手もどんどん答えを返すため、会話も弾んでいきます。

YESかNOで答えられる会話ではなく、相手が長く答えたくなる聞き方をするのが良い質問です。また、良い質問をできる人は、相手の「体が引き締まってきた」ことを観察できている人でもあります。相手への目配りや洞察力も必要なのです。相手との良好な関係を築きたければ、「良い質問」を意識しましょう。

まだある！「良い人間関係をつくる」世界のことば集

愚者はしゃべるだけだが、賢者は書くことも知っている。

西洋のことば

用事があると、相手の事情などおかまいなしで、電話などでも要件を話そうとするのが愚者。「外出中かもしれない」「今は忙しいかもしれない」と考え、TPO をわきまえて FAX やメール、または手紙でも要件を伝えるのが賢者です。人間関係がうまくいく人は、誰かに用件を伝えるとき、“書く”行為も大切にしているのです。

熊の親切。

ロシアのことば

木陰で休む一人の老人に、ハエがたかっていました。これを見た親切な熊が「追い払ってあげよう」と考え、誤って老人を殴り殺してしまった話から生まれた、「親切もときには仇となる」という教訓です。親しい友人同士でも、相手の自尊心やプライドを傷つけるようなことがないように心がけましょう。

一回しゃべる前に、二回聞け。

イギリスのことば

ユダヤの格言にも同じ意味の『耳は二つ。口は一つ』があります。人は大なり小なり、自分の考えや体験を他人に伝え、共感してほしいと無意識に願っています。話をじっくり聞いてもらえば、その欲求が満たされます。信頼関係を築きたい相手がいるのであれば、その人の話をどんどん聞いてあげましょう。

笑った者すべてが友ならず。怒った者すべてが敵ならず。

モンゴルのことば

自分に微笑んでくれたからといって、その人が好感を抱いてくれているとは限りません。逆に、厳しい態度であっても、敵意をもっているとは限りません。大事なのは、相手がどういう態度で接してきても一喜一憂せず、本当は自分のことをどう思っているのか、見極めることなのです。

おわりに

本書を読み進めるうちに、お気づきになった方も多いでしょう。
『肥えた畑も休ませなければ荒地になる。』（一六ページ）
『泡立つ激流は凍らない。』（一一六ページ）
前者は「ちゃんと休もう」、後者は「休まないようにしよう」と言っています。
この二つのように、一見相反した意味をもつことばもあるのです。
しかし、それらはすべて、〝うまく生きるためのヒント〟です。
どのヒントを指針にしても良いのです。自分の心に響いたものから一つずつ選んでいき、結果として、あなたの人生が前向きで希望に満ちたものになることを願っています。

二〇一三年　四月　植西　聰

本書は『幸せな人は知っている世界のコトワザ』（２０１１年／無双舎）
を加筆・修正した静山社文庫を新たに編集したものです。

植西　聰（うえにし・あきら）

東京都出身。著述家。学習院高等科・同大学卒業後、資生堂に勤務。独立後、人生論の研究に従事。独自の『成心学』理論を確立し、人々を元気づける著述活動を開始。95年、「産業カウンセラー」（労働大臣認定資格）を取得。

〈主な著書（ベストセラー）〉

『折れない心をつくるたった1つの習慣』（青春出版）、『平常心のコツ』（自由国民社）、『「いいこと」がいっぱい起こる！ブッダの言葉』（三笠書房・王様文庫）、『マーフィーの恋愛成功法則』（扶桑社文庫）、『ヘタな人生論よりイソップ物語』（河出書房新社）、『カチンときたときのとっさの対処術』（ベストセラーズ・ワニ文庫）、『運がよくなる100の法則』（集英社・be文庫）、『運命の人は存在する』（サンマーク出版）、『願いを9割実現するマーフィーの法則』（KADOKAWA）

〈近著〉

『迷いがすっきり消えるイソップ人生論』（海竜社）、『"魅力的な女性"になるための心の持ち方』（辰巳出版）、『満足するコツ』（自由国民社）、『迷いを一瞬で消せる「最後心」の心構え』（ゴマブックス）

あなたの人生をゆたかにしてくれる世界の知恵

2020年10月20日　第一刷発行

著　者　植西　聰
発行者　松岡佑子
発行所　株式会社 出版芸術社
〒一〇二-〇〇七三
東京都千代田区九段北一-一五-一五　瑞鳥ビル
TEL　〇三-六三八六-一七八六
FAX　〇三-三二六三-〇〇一八
URL　http://www.spng.jp/

カバーデザイン・組版　田中真琴
カバーイラスト　Tossan
印刷・製本　中央精版印刷株式会社

ISBN 978-4-88293-533-9 C0095